沈阳师范大学法学学术文库
SHENYANGSHIFANDAXUE FAXUE XUESHU WENKU

无主财产法律问题研究

李迪昕 ◆ 著

中国社会科学出版社

图书在版编目(CIP)数据

无主财产法律问题研究/李迪昕著．—北京：中国社会科学出版社，2015.5

（沈阳师范大学法学学术文库）

ISBN 978 – 7 – 5161 – 6025 – 1

Ⅰ.①无… Ⅱ.①李… Ⅲ.①财产权—研究 Ⅳ.①D913.04

中国版本图书馆 CIP 数据核字（2015）第 084037 号

出 版 人	赵剑英	
选题策划	刘 艳	
责任编辑	刘 艳	
责任校对	陈 晨	
责任印制	戴 宽	

出 版	中国社会科学出版社	
社 址	北京鼓楼西大街甲 158 号	
邮 编	100720	
网 址	http://www.csspw.cn	
发 行 部	010 – 84083685	
门 市 部	010 – 84029450	
经 销	新华书店及其他书店	
印刷装订	北京金瀑印刷有限责任公司	
版 次	2015 年 5 月第 1 版	
印 次	2015 年 5 月第 1 次印刷	
开 本	880×1230 1/32	
印 张	4.75	
插 页	2	
字 数	128 千字	
定 价	29.00 元	

凡购买中国社会科学出版社图书，如有质量问题请与本社联系调换
电话：010 – 84083683
版权所有 侵权必究

总　序

以前，我对沈阳师范大学知之甚少，实属孤陋寡闻。自从沈阳师范大学法学院的单晓华教授加盟法学所博士后流动站后，我作为她的合作导师，才开始逐步了解、关注这所具有悠久历史的学府。在沈师大校庆60周年到来之际，沈阳师范大学法学院隆重推出"沈阳师范大学法学学术文库"，法学院领导希望我能为之作序，虽明知难当此任，但却之不恭，不如从命。

早在新中国成立之初，根据中共中央七届三中全会的部署，国家对当时的教育和科学文化事业进行了调整和改造，即调整一批老式高等院校，建立一批新式社会主义高等院校，东北教育学院——沈阳师范大学的前身就在这样的历史背景下成立了。

沈阳师范大学法学院也经过近二十年的发展与变革，取得了丰硕的成果和骄人的业绩。1996年4月，经国务院学位委员会批准，法律系取得了民商法学硕士学位授予权，成为当时全国高等师范院校中第三个法学硕士学位点。2007年4月民商法专业被辽宁省委宣传部批准为省哲学社会科学重点建设学科，2008年3月民商法专业被辽宁省教育厅批准为省重点培育学科，2009年3月民商法专业被辽宁省教育厅批准为省优势特色重点学科，尔后又分别取得法学理论、诉讼法学硕士学位授予权。2007年5月又获得法律硕士专业学位授予权。经过沈阳师范大学法律人的不懈努力，学科建设取得一定成绩并初具规模，积累了大批优秀的科研成果，形成了自己的特色和优势。

在沈阳师范大学法学院的教师队伍中，活跃着一批学历高且富有朝气的年轻学者，他们颇具法学素养，潜心学术研究；他们热爱三尺讲台，勤勉教书育人；他们关注国计民生，重视法治实践；他们开阔国际视野，借鉴他山之石。沈阳师范大学法学院的广大教师在平时的教学耕耘与学术研究中收获了累累硕果。在此基础上，他们决定编辑出版"沈阳师范大学法学学术文库"系列丛书，这既是对沈阳师范大学60华诞的一份厚礼，也是对这所辽宁法律教育与学术研究的重镇所取得成就的一次检阅。我希望这套法学文库能够成为后来者在法学研究和法律教育的道路上继续攀登的阶梯，更希望通过这些文章，能够向热爱法学、崇尚中国法律研究的读者展示沈阳师范大学的治学精神与科研传统。

《中庸》论道："博学之、审问之、慎思之、明辨之、笃行之"，阐释了学术研究探索真理的精神以及达到知行合一境界的必由之路。从对世界历史进程的审视与洞察来看，社会发展、科学昌明、思想进步、制度革新，从来都离不开法学研究的力量与成就的滋养与推动。

一所优秀的综合性大学是国家与社会发展中一种不可或缺的重要力量，而法学研究的水平则体现了中国社会主义法治的发展程度和综合实力，是社会进步、法制文明的重要标志。因此，一所大学的学术氛围，不仅在很大程度上影响和引导着学校的教学与科研，而且渗透和浸润着这所大学追求真理的精神信念。正如英国教育思想家纽曼所言，大学是一切知识和科学、事实和原理、探索与发现、实验与思索的高级力量，它的态度自由中立，传授普遍知识，描绘理智疆域，但绝不屈服于任何一方。

大学的使命应是人才培养、科学研究和服务社会；高等教育发展的核心是学术和人才。因此，大学应成为理论创新、知识创新和科技创新的重要基地，在国家创新体系中具有十分重要的地位和意义。沈阳师范大学法学院是一所正在迅速兴起的学院，其注重内涵建设和综合协调发展，法学院贯彻"强管理、重服务、育队伍、出精品"的工作理念，通过强化科研管理，建立、健全科研制度、凝练科研队伍、打造科研精品、营造科研氛围，使教师们的科研积极性空前高涨，取得了丰厚的科研成果。近五年来，法学院教师出版专著53部，发表论文180多篇，科研立项60余项，科研获奖60余项。法学院秉承"博学厚德 求是笃行"的院训，以培养适应社会主义市场经济和法治建设需要的应用型、复合型法律人才为目标，以本科教学为中心，以学科建设与队伍建设为重点，大力发展研究生教育，努力建成专业特色显著、国内知名、省内一流的法学教育研究与法律实务相结合的法学院。

这套文库的出版，将有助于提升法学科学的学术品质和专业素质。法学教育是高等教育的重要组成部分，是建设社会主义法治国家、构建社会主义和谐社会的重要基础，并居于先导性的战略地位。在我国社会转型时期，法学教育不仅要为建设高素质的法律职业共同体服务，且要面向全社会培养大批治理国家、管理社会、发展经济的高层次法律人才。沈阳师范大学法学教育适应侧重培养懂法律、懂经济、懂管理、懂外语的高层次复合型、应用型人才的目标定位，在培养具有复合知识结构的本科生、研究生方面形成了鲜明的法律实务特色。法科学生在重点学好法学核心课程和教学计划的其他课程外，适当广泛涉猎、阅读学术专著，对巩固、深化课堂知识是十分必要的。在教材之外，出版一批理论精深、博采众长、体察实践、观点新颖的专著，可以有效满足学生解惑之需。本文库诸部著作，围绕诸多法学领域及法治实践中的重大疑难问题，对我国相关法律制度加以细致的探讨与阐述。这将有助于拓展法科学生的视野，为他们思考、研究问题以及应用法律提供新的方法和视角，进而登堂入室、一窥门径。

这套文库，在选题和策划上，偏重法学领域中实践意义重大且学界较少探讨的具体问题；在内容上，较为侧重对具体问题的深入分析和制度的合理构建。这固然与沈阳师范大学法学院以理论法学为基础，以诉讼法学为特色，以民商法为支撑，集中发展新兴二级学科的学科发展战略有关，也是对法学研究方向思考的智慧结晶。从宏观角度而言，目前我国的法学学科框架已经基本成熟，法学界对法学各学科的体系、基本原则和基本理论已难觅较大争议。因此，沈阳师范大学法律人能应法律实践的需求和法治完善的需要，对前人较少涉及的一些具体法律制度及其微观层面展开深入细致的研究，揭示其所依存的理论基础，提供富有可操作性的制度设计，以此推动法学研究与法学教育的进步，并推动我国法制臻于完善，这无疑是一种值得嘉许的学术视角和探索尝试。

是为序。

陈泽宪

2010年秋谨识于北京景山东隅

目 录

第一章 绪 论 …………………………………… (1)
  第一节 选题的背景 …………………………… (1)
  第二节 选题的意义 …………………………… (2)
  第三节 研究框架和方法 ……………………… (6)

第二章 无主财产之认定 ……………………… (13)
  第一节 无主财产认定的条件 ………………… (13)
    一 自始无主财产认定的条件 …………… (14)
    二 嗣后无主财产认定的条件 …………… (16)
  第二节 无主财产认定的程序 ………………… (20)
    一 无主财产认定的一般程序 …………… (20)
    二 无主财产认定的具体程序 …………… (21)

第三章 无主财产之归属 ……………………… (29)
  第一节 无主财产归属之制度现状 …………… (29)
  第二节 无主财产归属之比较法考察 ………… (32)
  第三节 无主财产归属之历史考察 …………… (37)
  第四节 无主财产归属之法理分析 …………… (46)
    一 无主财产归属与伦理精神 …………… (46)

二　无主财产归属与循环经济理念 …………………（52）
　　三　无主财产归属与理性精神 ……………………（58）
　　四　无主财产归属与政治国家和市民社会分立
　　　　关系 ………………………………………………（66）
　第五节　无主财产归属之应有规则 ………………（70）
　　一　无主动产归先占人 ……………………………（71）
　　二　无主不动产归公 ………………………………（93）

第四章　无主财产致害之责任归属 ………………（105）
　第一节　自始无主财产致害之责任归属 …………（107）
　第二节　嗣后无主财产致害之责任归属 …………（107）

结论 ………………………………………………………（117）

参考文献 …………………………………………………（132）

后记 ………………………………………………………（139）

第一章

绪　　论

第一节　选题的背景

"无主财产"或"无主物"是一个古老的民法概念和制度主题,中国封建法制虽未明确使用该概念,但自"西法东渐"、罗马法制度传统进入中国以来,学者们即在引介和研究该制度。因此,就海峡两岸的民法学教科书来看,没有任何一本体系化的民法教科书不涉及该制度,因而在此意义上该选题的提出并无"新意"。但在教科书中对某项制度进行"阐释",还不能算是对该项制度已经展开研究,更不能说是已经展开了深入研究;只有当就某问题研究已经出现了大量的"点"的意义上的专题研究文章,并且在"点"的基础上出版了"面"的意义上的体系化的专论著作,才能算是对某问题已有了较深入的体系化研究。基于此种考量,选择了这个制度型与理论型的混合选题。无主财产法律问题研究既提出了该选题的研究视角又界定了该选题的研究内容。在概念上使用"无主财产"而非"无主物",缘于"财产"的外延大于"物"的外延;诚如古罗马时期的著名法学家乌尔比安在对财产进行描述时有言,财产这个词是自然法上的抑或是市民法上的,其在自然法之上被认为是能够使人幸福的东西,既然能够使人幸福即意味着有用。① 此外,《中华人民共和国民事诉讼法》于第十五章第五节明确规定了"认定财产无主案件"的特殊程序,因而可以认为"无主财产"已成为中国法上的一个立法概念,而"无主物"在中国法上仅是一个学理概念。而"问题研究"此词组言简意赅且意蕴丰富并广泛的见于哲学、伦理学、法哲学、部门法学的研究文献中,有学者使用该词从而使得该词已有书面语化的趋势。有鉴于此,本选题研究将涵涉上述内容,在对无主财产法律问题进行研究的过程中,无主财产的归属与处置问题也正是本选题研究的重点。基于上述理由,本选题使用了这一术语。此外就中国的研究现状来看,关于无主财产或无主物问题,既无大量的专论文章发表,这一点可通过中国知网数据库的检索看出,亦无体系化的专论著作出版,因而还不能说已经对该问题有了较好的、体系化的、深入的理论研究。在此意义上,该选题的提出还是有其认识论上的"创新"之处的。

第二节　选题的意义

第一,从现实层面来看,无主财产并非"量少而价菲"。无主财产的存在是一个制度现实,财产法的制度宗旨无非有三个,即财产的"归属"、"利用"与"保护"。在这三大宗旨中,"归属"无疑是后续"利用"与"保护"的前提和基础,因而财产的"归属"即产权界定就成了财产法所要追求的首要制度目标。而"归属"问题,又无非包括两个方面,即"有主"和"无主"。因

---

① 参见[意]桑德罗·斯奇巴尼选编《民法大全选译·Ⅲ·物与物权》,范怀俊译,中国政法大学出版社1993年版,第23页。

第一章 绪论

而在制度设计上,立法必须对有主财产的利用与保护做出规定,同时也必须对无主财产的归属与处置做出规定。但在理论与立法实际中,学者、立法者更多地关注对"有主财产"的研究与规制,却偏废了"无主财产"的研究与规制。究其原因,可能缘于大家认为无主财产"量少而价菲",因而在财产法的研究与规制中并不占有很大的分量。但实则不然,这里显然存在着认识上的误区。首先就"量"而言,暂且对无主财产大量存在[①]的"原始共产主义社会"的假定情形不予讨论,就中国目前的实际来看,无主财产在"量"上也绝非"少数"。无主财产包括"自始无主财产"和"嗣后无主财产"两大类。自始无主的财产,如根据《中华人民共和国物权法》第四十九条规定的反面解释,凡是法律未规定属于国家所有的动植物资源就不属于国家所有也不属于集体所有;易言之,不属于"公有"。既然不属于"公有",那就意味着可以"私有",而私有主体是多数主体,因而这里就存在一个财产归属的界定问题;在未作出明确的界定之前,这样的野

---

① 自然物质世界中自然万物本属于无主物,是上帝无差别的恩赐给每一个人,由整个人类对其共同享有,并非特别属于某个人。自然界中的人类共享上帝对这些自然物品的原初安排,在此时并不存在我、你之分,人类如同动物一样是基于本能进行获取使用自然物品。随着在自然物质世界中生活的人类不断地意识到自然界所提供资源的稀缺性和有限性。正如后来在17—18世纪无论是英国抑或是欧洲都普遍对自然中的资源是否稀缺与有限的问题进行各种假设,如洛克认为自然资源是十分充裕的,能够满足人类的需求;霍布斯认为自然界为人类所提供的自然资源是极度匮乏的,人为满足生存需要必定会发生争夺食物的战争,所以理性使人类以契约方式建立一个政治社会;休谟不同于上述两种假设,其认为自然资源是处在一种相对匮乏的状态。鉴于自然资源的稀缺有限不能满足人类的贪欲,人类势必会对匮乏的资源进行占有从而满足自己的需求。正是由于人类受限于资源,从而使得他们应通过自身的劳动来获取更多的物质资料,而占有自然界所提供的物质资料是进行劳动的前提。因此人类便开始了对自然界为其提供的自然万物进行占有,足见占有关系便伴随着人类在对本不归属任何人所有的自然界中的无主物进行第一次占有的事实发生之时开始的。

生动植物即处于法律上的"无主"状态，成为先占①的客体，而此类自然的、自始的无主财产在量上显然并非少数。就嗣后无主的财产而言，凡是所有人不明的或经法定程序而无人认领的遗失物、埋藏物、隐藏物、漂流物、无人继承的遗产等，都属于嗣后无主财产，此类财产在量上也是巨大的。而且不论从自然的角度还是从社会的角度来看，嗣后无主财产的量都是有增无减。如近几年内中国先后经历了汶川和玉树两次大地震，这样的天灾地变导致大量的人员伤亡，从而必然导致大量无主财产的出现。再如中国计划生育政策已厉行了近三十年，由父母二人和一个子女组成的核心家庭在现今及未来可见的社会中已经和必然占据主流，而如果中国现行的继承法不通过修法的方式扩大法定继承人的范围，其实施的结果必将导致无人继承的无主财产越来越多。由上可见，无主财产在"量"上并非少数。其次就"价"而言，"价"是用金钱衡量的财产价值和价格。在当今社会，现实地看，无主财产的价值不菲。无主财产包括无主动产、无主不动产、无主知识产权、无主有价证券等，而这些财产的价值都是可大可小的。传统的认为无主财产价值不大的观点，更多的是就无主动产而言的，如《法国民法典》认为，"动产是不能够长久存在的且本身具有较低的价值，不动产乃是长期存在的贵重的并且能够产生收益之财产"②。就算单就动产而言，事实也非如此，如果说无主的一只矿泉水瓶价值很小，那么同为动产而无主的一只金戒指就价值不菲。更遑论不论是无主还是有主的不动产、知识产权、有价证券等，根本就不存在因"有主"还是"无主"的价值差别问题。

---

① 长期以来学者多是以占有无主财产为起点来对所有权的起源进行论证，主要是因为先占作为表彰权利的最原始的方式，即先于其他人对无主财物进行占有可以原始取得此财物。

② 尹田：《法国物权法》，法律出版社1998年版，第85页。

无主财产在现实中客观存在，无论在数量上还是价值上都是理论与制度所不能忽视与轻视的一个问题，因而有深入研究的现实意义。

第二，从制度层面来看，对无主财产的研究兼具解释论与立法论意义。就解释论而言，现行《中华人民共和国民法通则》、《中华人民共和国继承法》、《中华人民共和国物权法》[①]以及相关的司法解释等就所有人不明的、无人认领的、无继承人的无主财产归属问题做出了相应的规定，这些规定是本书研究的规范基础和解释批判对象。在本书的研究中，围绕中国现行法的制度现状，将对这些制度的历史基础、比较法基础、规范含义、制度适用以及存在的问题等进行研究。这一研究对于中国现行法的理解与适用无疑是有意义的，同时对后续立法论的研究也具有奠基意义。就立法论而言，既然中国统一民法典的制定已经纳入立法规划和立法计划，那么在中国未来的民法典中如何设计无主财产制度规范就是一个非常现实的立法问题。可以断言的是，中国未来民法典应就"有主财产"与"无主财产"的归属、利用、保护等都做出明确的一般性规定，这是科学的也是符合规范实际的立法选择。既然如此，针对无主财产制度问题展开研究，无疑对于未来民法典的制定具有立法论意义。

从制度型选题的角度而言，本选题既具有制度解释的意义，又具有制度构建的意义，具有研究的制度价值。

第三，从理论层面来看，对无主财产研究有助于中国民法理论日臻完善。从上述研究现状可以看出，中国现行民法理论

[①] 本书引用的现行法将于下面简称为《民法通则》、《继承法》、《物权法》、《侵权责任法》、《野生动物保护法》。

还未就无主财产的法律问题真正展开深入的研究,这决定了中国民法理论在此题域上尚未形成系统的理论。无主财产问题在本质上属财产法这一大研究范畴中的所有权问题。由中国现行的所有权制度现状决定,中国现有的所有权理论更多的是围绕"有主财产"而展开的,这由现有的所有权理论成果可以看出,关于无主财产的研究仅是一般的所有权研究中的一个"附属部分",而并没有将其作为一个专门的题域展开研究。既然"有主财产"和"无主财产"分别构成财产所有的"两半",那么对二者给予平等的甚至是平行的关注与研究,就是应当的也是必须的。

综上,本选题研究对于完善中国所有权理论体系,进而对于完善中国财产法理论体系,都是具有理论意义的。

第三节 研究框架和方法

基于本领域的研究现状,本书的研究框架在整体上可以分为两个部分,一是对无主财产本体论进行的研究,二是在结论中体现的对中国未来民法典关于无主财产立法模式进行的研究。前者包括"无主财产之认定"即认定的条件与认定的程序,"无主财产之归属"即以中国制度现状为切入点,通过比较法考察、历史考察以及在法理分析的基础上最终确定无主财产归属之应有规则,以及无主财产致害之责任归属即自始无主财产致害之责任归属与嗣后无主财产致害之责任归属。后者主要涵涉中国未来民法典规定无主财产之必要性以及规范设计。为了实现对无主财产法律问题的深入研究,本书综合运用了如下研究方法对无主财产法律问题进行系统的研究。

1. 价值分析方法。所谓价值分析①即是指以法律基本价值作为基础来对现行的法律制度进行分析。其核心在于"价值判断",即依据有效规范对事实行为所做的应当是这样或者不应当是这样的判断。②"对于法学,对于法律,我们首先要问的不是科学与否,而是正当与否,公平与否。"③可见,法律方法是出于某种目的而设计,并服务于这一目的,法律技术不可能单独存在,它离不开法律的目的和追求的价值。诚如博登海默认为,价值判断在法律制度中起着主要作用,它体现为作为其社会广大成员共同价值观念的凝结物的宪法与法律。④法律应当是什么是价值论法学研究的实质问题,这涉及一个法的价值问题。本书在对无主财产归属之制度现状进行分析时运用了价值分析方法,即现行法将所有人不明的、无人认领的、无继承人的无主财产归属做出归国家或集体所有之规定,不仅

---

① 在公元前 14 世纪的古埃及新王国时期,曾经在尼罗河的中游雄踞一座无与伦比的城市底比斯,俄狄浦斯的儿子波吕涅克斯与厄忒俄克勒斯在为王位之争发生激战中同归于尽。在其舅父克瑞翁继承王位之后宣布法令,因波吕涅克斯借助外国力量回来对王位进行争夺,实属叛徒并不允许对其尸骨进行埋葬,但是按照古希腊时期的神法,倘若死后不葬,不仅使其阴魂不能得到安息,同时亦是对神灵的冒犯,会招致殃及城邦的后果。波吕涅克斯的妹妹安提戈涅在面对两种法律选择时,不顾国王的法令,选择了神法,毅然履行了对亲人的义务将其兄长埋葬,并因此被关在石洞内自缢而死。这反映了安提戈涅在面对自然法(神法)与实证法(国王的法令)冲突时所作出的一种价值选择,换言之,法律应当是什么不仅仅是法的价值问题,亦是价值论法学研究的实质。

② 参见[美]博登海默《法理学、法哲学与法律方法》,邓正来译,中国政法大学出版社 2001 年版,第 503 页。

③ 周永坤:《法学的学科定位与法学方法》,载《法学论坛》2003 年第 1 期。

④ 参见严存生《作为技术的法律方法》,载《法学论坛》2003 年第 1 期。

与事实不符①又无法理依据且严重违背公平理念。无主财产不能归私权利主体所有，而一律归公权力主体仅是因为立法有欲使公权力主体成为当然所有者之倾向，如此规定在违背了公平理念的同时亦欠缺正当性。

2. 类型化分析的方法。所谓类型化分析即是指研究事物的基础是以其本质特征为标准进行分类。本书使用此方法用于对无主财产进行类型化分析研究，有鉴于无主财产按照不同标准可有不同的分类，对其进行类型化研究有助于更好地认定无主财产以及确定归属。详言之，在无主财产之认定一章，根据无主财产上是否曾经存在所有权人而将无主财产分为自始无主财产与嗣后无主财产并因类型差异继而设定不同的认定条件。此外在对无主财产归属之应有规则进行厘清时，亦是按照传统民法上的分类标准即以是否能够进行移动并且在移动之后能否对财产的性质造成改变以及是否会引起价值的减损进而将无主财产分为无主动产与无主不动产，并根据无主财产类型之差异而确定不同的归属规则，即无主动产采"先占自由主义"，无主不动产归公。

3. 实证分析方法。所谓实证分析方法即是在价值中立的前提下观察经验事实进而对知识性命题进行检验的方法。价值中立为保证研究具有客观性，于是要求研究者在进行研究的过

---

① 全国人民代表大会常务委员会法制工作委员会民法室所著的《物权法立法背景与观点全集》所显示的，除法律明确规定保护的野生动植物之外，国家并不禁止任何人进入国家所有的或者集体所有的荒原、森林、滩涂进行捕鱼、打猎、砍柴、采集野生植物、果实、药材并取得猎获物、采集物的所有权以及捡拾抛弃物并取得所有权的行为。这说明无主动产在现实生活中较为常见，并与作为社会生活习惯的先占制度相结合，获得了来自国家的默认许可，并非按现行法规定一律归公。（全国人民代表大会常务委员会法制工作委员会民法室：《物权法立法背景与观点全集》，法律出版社2007年版，第459页。）

程中舍弃主观的价值标准,以免让主观因素影响对资料的判断进而影响到对结论的取舍。自古希腊罗马时期的自然法伴随着理性主义者如休谟、亚当·斯密等的抨击而逐渐开始衰落,并在19世纪基于国家权力强化的目的且因其完成消除迷信等历史使命以及自身逻辑上含糊之难题而使得自然法遭受致命攻击继而衰落。法律实证主义亦在19世纪兴起,边沁试图严格区分"法律是什么"与"应当是什么",自然法原则应属于道德范畴而并非法律。20世纪初人类在战争、贫富差距等影响之下道德观念亦开始产生变化,分析实证主义法学家奥地利的凯尔森亦指出对于"是什么"与"应当是什么"的区分是法学的哲学基础之一。[①] 由此可见分析实证主义的盛行对古典自然法观念与理性主义进行了冲击。在法学领域,所有的实证主义理论都主张,法与道德可以是分离的,即在法与道德之间,在"法律命令什么"与"正义要求什么"之间,在"实际上是怎么样的法律"与"应该是怎么样的法律"之间并不存在概念上的必然关联。本书在以理性精神为切入点对无主财产归属进行分析的层面以及对中国现行法关于无主财产归属之规定进行分析时运用了此种分析研究方法。

4. 比较分析方法。所谓比较分析方法即是指通过对本国与外国抑或外国相互之间法律制度进行比较研究,从而更加深刻地理解研究对象特征的方法。鉴于不同国家的法律制度存有差异,主要体现为对立法例及判例学说的研究。本书在对无主财产归属问题进行研究的过程中,立足于中国现行法关于无主财产归属之制度现状并发现其规定不合理之处,继而通过对罗马法的先占自由主义、日耳曼法的先占权利主义以及大多数国

---

① 参见占茂华《自然法观念与理性精神》,载《求索》2008年第1期。

家采纳的二元主义进行研究与探析，以期冀经过对比在发现现行法存在问题的同时亦为完善现行制度之规定奠定坚实的比较法根基。

5. 历史分析方法。所谓历史分析方法即是运用一种变化发展的观点对社会生活中的法律制度进行研究分析的方法。鉴于事物总是处于不断的变化发展之中，法作为一种社会意识的产物，同习俗、文学、艺术等各个民族生活的其他表现一样，是伴随着感情、文明、需求的变化而变化，在人们所处的不同时代有着并不相同的表现形式，并在不断地变化发展中日臻完美，这即是法发展之原则。因此对法律制度的研究不应孤立片面地研究某一个阶段，而应将其置于历史发展的大背景之下，鉴于每一项制度的产生都有历史根源，追本溯源、理清其发展趋势，才能更好地分析解决问题。本书在研究中国古代法以及近现代法关于无主财产归属之规定时运用了历史分析的方法，此外亦将此方法运用到对无主财产归属进行法理分析的层面。

6. 语义分析方法。又称语言分析，是指"通过对语言的要素、结构、语源、语境进行分析，进而澄清语义混乱、并最终求得真知的一种实证研究方法"[①]。此种方法起源于现代西方分析哲学中一流派语义分析哲学，后由哈特将其用于法学研究中，使法学研究方法得以完善，解决法学领域的混乱和难题。本书在对无主财产进行类型化分析研究以及根据无主财产不同的类型设定认定条件继而确定不同的归属层面运用了此种研究方法，目的是对处于混乱状态的语义进行分析澄清，在将

[①] 张文显、于莹：《法学研究中的语义分析方法》，载《法学》1991年第10期。

认识道路上障碍扫清之基础上，更为行之有效地开展研究工作。

7. 经济分析方法。经济分析法在经济学领域主要包括历史分析法以及规制经济学中的动态与静态相结合的研究方法。本书在对无主财产归属进行分析时运用了历史分析法，即纵向分析了社会历史进程中经济发展模式变化的规律与特点，以便对今后发展趋势进行正确把握。还运用了静态研究与动态研究相结合的方法，既对中国当前无主财产的制度现状进行研究，又从历史进程与发展规律的角度进行分析，即从"资源—产品—污染排放"的传统经济模式重组转变为以高效循环利用资源为目的的"利用资源—产品—资源再生"模式。此外，本书在对无主财产归属进行分析时运用了循环经济的理念，是因为循环经济理念究其本质是一种生态经济理念，以对资源的高效循环利用为目的，而对自然资源进行利用的前提是应先确定其归属。况且现实生活中资源不仅有限且伴随着人类的不合理的利用甚至会出现枯竭，只有对现实中存在的无主财产确定明确的归属，使得人人皆能在各自所有的范畴内对资源进行利用，互不干涉影响才能达到一种和谐状态。研究无主财产之归属主要是源于经济学的假设，在自然资源稀缺有限的背景下，当行为人实施抛弃行为后，为确保社会有限资源的循环利用，防止资源荒废闲置所造成的不利后果。对于无论是自始无主财产抑或是以抛弃为典型代表的嗣后无主财产，皆应确定归属。既然原权利主体实施了抛弃行为，就应肯定他人对无主财产进行占有的事实，通过对占有人利益的保护进而实现一种对社会资源的积极利用，使资源在物质系统中得到充分循环利用，这对促进经济发展、实现资源与环境的平衡均具有重大意义。有鉴于此，在资源稀缺有限的背景下应更加注重对资源的合理利用与保护。通过对社会经济发展进程进行探究有助于准确掌握其发展趋势，旨在强调经济发展的同时亦注重生态的保护，使自然生态与经济达到和谐共生的双赢局面。

第二章

无主财产之认定

第一节 无主财产认定的条件

确定无主财产归属与致害之前提即是无主财产之认定,即财产在满足什么条件时构成无主财产即属无主财产之认定问题。详言之,鉴于最常见的无主财产是自始无主财产[①]与嗣后无主财产,本章将详细对无主财产认定的条件进行分析。

[①] 中国《物权法》在第四章、第五章中对所有权进行了规定,其中第四十九条:"法律规定属于国家所有的野生动植物资源,属于国家所有。"根据第四十九条规定的反面解释,即认为凡是法律未规定属于国家所有的动植物资源,其归属问题就应既不属于国家所有亦不属于集体所有。自然之物当然包括野生的动物,但可成为无主财产的野生动物范围是什么,这与分析理解《野生动物保护法》密切相关。详言之,《野生动物保护法》第二条规定:"本法规定保护的野生动物,是指珍贵、濒危的陆生、水生野生动物和有益的或者有重要经济、科学研究价值的陆生野生动物。本法各条款所提及的野生动物,均系指前款规定的受保护的野生动物。"第三条规定,"野生动物资源属于国家所有。"根据第二条与第三条的反面解释,凡是属于非珍贵非濒危的陆生、水生野生动物和并非有益的且无重要经济、科学研究价值的陆生野生动物的归属就不属于国家或集体所有。对于非属于国家明令保护动物目录中记载的野生动物不属于国家所有,换言之,既不属于"公有",那就代表可以"私有",有鉴于私有的主体是多数主体,在此处就涉及如何界定诸如蜂群、野兔、苍蝇、老鼠、泥鳅等动物的归属问题。在未对此动物归属作出明确界定之前,在法律上这样的野生动植物资源即处于一种"无主"的状态之下,即凡是不属于国家明令加以保护的野生动物都可以成为"先占"的对象,所以此类当然确定的无主的财产即为自始无主财产。

一　自始无主财产认定的条件

对于自始无主财产[①]而言，鉴于自始无主的财产即从来就没有归任何人所有，如野兔、野鹿、苍蝇、老鼠、泥鳅等。值得注意的是并非所有的自然之物皆能构成财产，其要具备一定的使用价值，例如，苍蝇之所以可以成为财产是因为现阶段有专人对其进行饲养并将其作为天然的有机肥料，于此层面而言因其具有使用价值而能成为财产。尽管自始无主财产确实在现实生活中存在，但对于自始无主财产之界定并不能凭空造车，还应以现行法为基础来寻求界定之空间。在界定自始无主财产时，应认为主要属于法律未明确规定归属之财产，即不需任何形式的宣告与确认，此类财产一开始就成为当然的无主财产。综观中国现行相关法律规定，在对自始无主财产进行认定前，首要解决的即是"按照中国现行法之规定是否存在自始无主财产"，对此问题进行探究并非无稽之谈。倘若认为中国立法上存在无主财产，那么就要为其存在寻求制度解释的依据。通过对中国所有制的分析，《宪法》分别于第十二条、第十三条将财产分为公共财产与私有财产，《物权法》继而基于此将所有权划分为国家、集体以及私人所有权。基于对《宪法》第九条分析，即"矿藏、水流、森林、山岭、草原、荒地、滩涂等自然资源，都属于国家所有，即全民所有；由法律规定属

[①] 根据不同标准可对无主财产进行不同划分，按照无主财产上是否曾经存在所有权人，可将无主财产分为自始无主财产与嗣后无主财产。诚如王泽鉴先生所言关于无主物，其认为动产之成立无主，有两种情况，一是自始即为无主，如野生飞禽走兽海产等；二是原本为有主物，继而被抛弃。由此推之，所谓"自始无主的财产"是指当然无主、自始确定无主、绝对无主的财产，即财产从来就没有归任何人所有。（王泽鉴：《民法物权》第 1 册，中国政法大学出版社 2000 年版，第 216 页。）

第二章 无主财产之认定

于集体所有的森林、山岭、草原、荒地、滩涂除外。"可知,自然资源即便处在未被占用的状态,其也并非是无主财产,所有的自然资源按照《宪法》第九、第十条的规定若不属于国家所有,则是属于集体所有,这是否意味着在现行法上不存在自始无主财产。实则不然,这主要取决于如何理解相关法律规定,自然资源为自始有主一律归国家或集体所有实属立法规定,但自然资源并非等同于自然之物,即并非所有的自然之物都自始、当然的归公权力主体所有。这主要是因为自然之物包括生物,如动植物、微生物等;非生物如水流、土地、矿藏,尽管自然资源乃以自然之物为要素,但自然之物并非都属于自然资源。所以,自然之物确定归属之前是处于无主的状态,通过对现行法的理解分析可以为自始无主财产之存在提供一定的立法依据。

在为自始无主财产之存在寻求立法依据后,参照中国现行法律规定将自始无主财产认定为:(1)一般规定:凡是法律未规定属于国家所有的动植物资源在归属确定之前属于无主财产。细言之,中国《物权法》第四十九条:"法律规定属于国家所有的野生动植物资源,属于国家所有。"根据第四十九条规定的反面解释,即认为凡是法律未规定属于国家所有的动植物资源,其归属问题就应既不属于国家所有亦不属于集体所有。在对其归属作出界定之前,这样野生动植物在法律上处于一种无主的状态,可以成为先占的对象。(2)具体规定:凡是属于非珍贵非濒危的陆生、水生野生动物和并非有益的且无重要经济、科学研究价值的陆生野生动物在归属确定之前属于无主财产。细言之,野生动植物资源当然包括野生的动物,在参阅《野生动物保护法》之后,结合其第二条规定与第三条规定的基础上,可知《野生动物保护法》所规定的属于国家所有的野生动物资源是指珍贵、濒危的陆生、水生野生动物和有益的或者有重要经济、科学研究价值的陆生野生动物。根据其反面解释，对于凡是属于非珍贵非濒危的陆生、水生野生动物和并非有益的且无重要经济、科学研究价值的陆生野生动物即非属于国家明令保护动物目录中所记载的野生动物。在确定诸如野鹿、野兔、苍蝇、野狗、老鼠、泥鳅等动物归属之前其亦处于无主的状态即构成无主财产。凡是不属于国家明令加以保护的野生动物构成自始无主财产，可由一般的民事主体通过先占取得，这亦是中国默认捕鱼、采集、打猎、砍伐等先占行为的原因所在。

二 嗣后无主财产认定的条件

对于嗣后无主财产①而言，嗣后无主财产即是因所有者的意思或某些客观因素使得原为所有权客体的财产丧失其所有者，既包括动产也包括不动产。其中对于动产而言可以细分为两类，包括最为常见的依当事人意思而丧失所有的抛弃型无主

---

① 与自始无主财产相对的为嗣后无主财产，所谓"嗣后无主的财产"是指因所有者的意思或某些客观因素使得原为所有权客体的财产丧失其所有者，如在中国凡是所有人不明的或经过法定程序无人认领的遗失物、埋藏物、隐藏物、漂流物、无人承受的遗产皆属于此类。嗣后无主财产又有动产与不动产之分，其中，嗣后无主的动产可以细分为以下两类，一类是基于当事人的意思放弃所有之财产即为抛弃型无主财产，如抛弃铅笔、水瓶、旧的家电、垃圾等。另一类是非基于当事人自己意愿而丧失所有的财产。具体包括所有权人不明即财产与所有者相分离，财产所有人确实下落不明、已然消失且经过法定程序无人认领的遗失物、埋藏物、隐藏物、漂流物、无人承受的动产遗产。其中值得注意的是无人承受的动产遗产包括被继承人死亡后没有继承人、虽有继承人受遗赠人但其主动放弃继承权或拒绝受遗赠、丧失继承权、被继承人通过遗嘱的形式对全部继承人的继承权予以取消、遗嘱仅仅涉及部分财产的处分而对于未处分的部分无人继承且无人受遗赠的动产遗产。由此可见，无论是从自然角度抑或社会的角度而言，嗣后无主财产都是大量存在的，因此有划分与研究的必要。

动产以及非基于当事人的意思而丧失所有的动产,如所有权人不明的埋藏物、隐藏物、无人认领的遗失物、无人承受的动产遗产。鉴于现行法并未设定嗣后无主财产的认定条件,对于嗣后无主财产的判断仅凭借的是社会大众的一般常识。因此,笔者认为有必要对嗣后无主财产认定条件进行明晰,以有所裨益于立法完善。

首先就嗣后无主的动产而言:(1)抛弃物认定的条件:笔者认为同时满足下述条件的财产认定为抛弃物,即原所有权人以所有者的姿态、主观具有抛弃的意思、客观实施了抛弃动产的行为。诚如梁慧星教授在《中国物权法草案建议稿》以及王利明教授在《中国物权法草案建议稿及说明》中皆对抛弃物进行了界定,即所有权人基于放弃所有权的意思放弃了对动产的占有。有鉴于此,原所有权人以所有者的姿态主观具有抛弃意思且客观实施了抛弃动产的行为,则此动产构成抛弃物。[①](2)所有权人不明的埋藏物、隐藏物认定条件:笔者认为同时满足下述条件的财产认定为所有权人不明的埋藏物、隐藏物,即行为人以所有者或管理者的姿态、主观具有埋藏或隐藏动产的意思、客观实施了将动产埋藏或隐藏于不动产之中的行为、所有权人不明、公示期限届满无人认领。其中,所有权人不明包括财产所有人确实下落不明或已然消失。有鉴于此,行为人以所有者或管理者的姿态主观具有埋藏或隐藏动产的故意、[②]客观实施了将动产埋藏或

---

① 对于野生动物而言不论是曾经被捕获的抑或被驯服的只要其恢复自然状态即构成无主财产。

② 不可否认在现实生活中存在因自然原因如地震、泥石流、火山喷发等造成动产被埋藏或隐藏在不动产之中的情形,对于此种埋藏物、隐藏物在经法定公示期届满无人认领时,认定为无主财产。

隐藏于不动产之中的行为且发现时所有权人确实下落不明或已然消失并经公示期限届满而无人认领时，则此动产构成所有权人不明的埋藏物、隐藏物。① （3）无人认领的遗失物认定条件：笔者认为同时满足下述条件的财产认定为无人认领的遗失物，② 即行为人主观不具有丧失所有的意思，客观出现了将动产遗失的行为、所有权人下落不明或已然消失、公示期限届满无人认领。可见，对遗失物而言，在财产所有人确实下落不明或已然消失时，经公示期限届满而无人认领的前提下构成无主财产。抛弃物为无主财产，但遗失物本身并非无主财产，仅是在财产与所有者发生分离后经公示期限届满而无人认领的前提下方构成无主财产。鉴于二者构成无主财产的条件不同，在现实生活中经常出现遗失物与抛弃物难以区分的情形，因此为二者区分提供一定的标准显得尤为重要。有鉴于此，按照社会生活中一般大众的认识，对于可随意丢弃的或者没有通常大众认为的使用价值的财产认定为抛弃物；对于不可随意丢弃的或是在公共场所发现的具有使用价值的财产应认定为遗失物；倘若按照以上标准难以判断时，则应推定为遗失物，在公示期届满无人认领时认定为无主财产。（4）无人继承且无人受遗赠动产遗产认定条件：笔

---

① 关于埋藏物的构成要件，大陆法系国家规定存在一些共通之处，即于他物之中埋藏的动产且所有权人不明。在中国，徐国栋教授将埋藏物定义为，所有掩埋或隐藏在不动产之中且并不知悉其所有者的动产。（徐国栋主编《绿色民法典草案》，社会科学文献出版社2004年版，第332页。）

② 遗失物是指并非基于遗失人本人意愿而暂时丧失占有之动产。在中国，其包括漂流物与失散饲养的动物等。遗失物须为动产，即非基于动产所有者或占有人意愿而丧失占有，有鉴于不动产固有属性，遗失物不包括不动产。遗失物本身并不是无主财产，但经过法定公示期限届满而无人认领的遗失物构成嗣后无主财产。

第二章 无主财产之认定

者认为同时满足下述条件的财产认定为无人继承且无人受遗赠的动产遗产,即原动产所有权人死亡、动产无人继承且无人受遗赠、公示期限届满无人认领。对于无人承受的动产遗产[①]而言,按照《中华人民共和国继承法》第三十二条的规定,将其称为无人继承又无人受遗赠的动产更加适合。在被继承人死亡后的动产遗产满足下列所属情形之一的属于"无人继承且无人受遗赠",没有继承人、[②] 存在继承人或受遗赠人但其主动放弃继承权或对遗赠予以拒绝、法定或遗嘱继承人丧失继承权、被继承人通过遗嘱的形式对全部继承人的继承权予以取消、遗嘱仅仅涉及部分财产的处分而对于未处分的部分无人继承且无人受遗赠。[③]

其次就嗣后无主的不动产而言,笔者认为,嗣后无主的不动产除包括一般无主不动产之外,[④] 还包括无人继承且无人受遗赠的不动产遗产。其中,财产同时满足下述条件认定为一般

[①] 自中国经历了 2008 年 5 月 12 日的汶川地震以及 2010 年 4 月 14 日玉树地震以来,在此天灾地变中分别造成了 69227 人、2220 人遇难,从而导致了大量嗣后无人承受的动产遗产之出现。此外即便没有天灾人祸,中国计划生育政策已经厉行三十年,核心家庭由父母二人与一个子女组成已经在当今的社会中占主流,如果现行继承法不进行修改,结果必然会出现越来越多的无人继承的无主财产的出现。需强调的是,继承法的修改并不属于本书所主要研究的范畴,因此本书不进行展开讨论。

[②] 没有继承人包括被继承人死亡后并不存在法定的继承人,也无受遗赠人或遗嘱继承人。

[③] 参见陈苇《婚姻家庭继承学》,群众出版社 2005 年版,第 355 页。

[④] 嗣后无主的不动产在现实生活中亦是存在的,如合肥市拆违大战中出现的"无主财产",即在 2005 年 7 月合肥市在当地市委市政府推动下实施一场拆违活动,在拆违过程中,出现了无人认领位于庐阳区 58 栋两层豪华别墅的现象。这些别墅每套仅装修即在四十万以上,拆违当日引来诸多围观者,有知情人透露,很多车牌号一看就知道属谁所有,尽管该市早已发出公示,但仍未改变其成为"无人认领房屋"的命运。

无主不动产，即原所有权人以所有者的姿态、主观具有放弃所有权的意思、客观实施了注销不动产所有权登记的行为、公示期限届满无人认领。此外，同时满足下述条件的财产认定为无人继承且无人受遗赠的不动产遗产，即原不动产所有权人死亡、不动产无人继承且无人受遗赠、公示期限届满无人认领。在现实生活中最为常见的主要是指无人承受的不动产遗产。在中国近几年经历了汶川、玉树大型地震之后，此种天灾地变造成人员伤亡的同时亦导致大量无主财产的出现，其中一部分就是无人承受的不动产遗产，这主要是由自然灾害与现行立法规定共同所致之结果。如在地震中会出现家族全部死亡且按现行继承法之规定又没有遗产承受人的情形，对于被继承人死亡后的不动产遗产若出现，被继承人死亡后没有继承人，即被继承人死亡后并不存在法定继承人也无受遗赠人或遗嘱继承人；存在继承人、受遗赠人但其主动放弃继承权或对遗赠予以拒绝；法定或遗嘱继承人丧失继承权；被继承人通过遗嘱的形式对全部继承人的继承权予以取消；遗嘱仅仅涉及部分财产的处分而对于未处分的部分无人继承且无人受遗赠等上述情形之一且经法定程序认定后即构成嗣后无主的不动产。

第二节 无主财产认定的程序

本节在结合《物权法》与《民事诉讼法》相关规定的基础上确定无主财产认定的程序。

一 无主财产认定的一般程序

对于程序上如何认定无主财产，在结合《物权法》与《民事诉讼法》相关规定的基础上进行分析，笔者认为通常有两种程序可供选择,并进一步提出自己见解以期冀中国现行相关立法不断趋于完善,以增加实践的可操作性。对于财产在满足什么条件下构成无主财产不仅涉及认定条件还需要认定程序。详言之,笔者认为对于凡是法律未规定属于国家所有的动植物资源,[①]以及被捕获或被驯服的野生动物和最为常见的与遗失物能够进行明确区分的抛弃物,在满足上述认定条件时而无需特殊程序即构成无主财产。对于一些特殊的嗣后无主财产之构成除了需要满足上述认定条件之外,结合中国现行法之规定还需要程序层面的认定。概言之,对于所有权人不明的埋藏物、隐藏物以及无人认领的遗失物即可以参照物权法的规定向公安机关递交并由其发出公告且在期限届满无人认领时认定此财产无主,也可以参照民事诉讼法关于处理认定财产无主案件的规定,实行一审终审且独任审理,但重大疑难案件除外。人民法院受理财产无主的申请并发出财产认领公告,在公告期满一年无人认领时,法院自期满后三十日内审结作出判决认定财产无主,有特殊情况需要延长的,由本院院长批准。但对于无人承受的遗产无论是动产抑或不动产以及其他无主不动产主要参照《民事诉讼法》关于处理认定财产无主案件的规定进行认定。

二 无主财产认定的具体程序

1. 所有权人不明的埋藏物或隐藏物认定为无主财产之具体程序

[①] 以"非珍贵非濒危的陆生、水生野生动物和并非有益的并且无重要经济、科学研究价值的陆生野生动物等非属于国家明令保护动物目录中记载的野生动物"为典型代表的野生动植物资源。

发现人在他人所有的财产中发现埋藏物、隐藏物①可通过以下两种途径或程序认定财产无主。第一，参照《物权法》的规定，发现人自发现之日起 7 日内将埋藏物、隐藏物送交公安等有关部门处理，公安等有关部门收到后应发出 6 个月的招领公告，对于不具有特殊价值的埋藏物、隐藏物在招领期限内无权利人前来认领的于期限届满时应认定为无主财产；对于具有特殊价值主要是指文物价值的埋藏物、隐藏物，亦应在招领期限内无权利人前来认领的于期限届满时应认定为无主财产。第二，参照《民事诉讼法》的规定认定财产无主。发现人在他人所有的财产中发现埋藏物、隐藏物时，其是否属于文物并不影响其定性，只是影响其归属而已。除了可以选择送交公安等有关部门外，还可以向财产所在地的基层法院提出申请并在其申请书中写明埋藏物、隐藏物的数量、种类以及申请认定的依据。财产所在地的基层法院在受理申请后，经审查认为财产有主或申请不符合条件，作出驳回申请裁定，申请合乎条件则立案受理。审查核实后应当发出财产认领公告，有权利人在公告期间提出请求，基层法院应裁定终结特别程序。公告满一年无人认领的，在期

---

① 所有权人不明的埋藏物、隐藏物经法定公示期间无人认领时属于直接按照法律的推定而认定无主的财产。此处涉及无主财产的分类问题，即确定的无主财产与推定的无主财产。按照是否基于法律的推定为标准将无主财产分为确定的无主财产与推定的无主财产。其中确定无主财产包括自始无主财产与抛弃物，推定的无主财产是指并非基于原所有者的意思，而是直接按照法律的推定而认定无主的财产。具体包括，所有权人不明的或经法定程序无人认领的遗失物、埋藏物、隐藏物、漂流物、无人继承的遗产等，鉴于上述财产成为无主财产的条件并非是基于当事人的意思而失去所有，而是直接来源于立法的推定或拟制。对于埋藏或隐藏物，虽然所有者可以是出于自愿或其他原因实施了埋藏或隐藏行为，但并不能据此认为所有者具有抛弃的意思表示。因此所有权人不明的埋藏物、隐藏物经法定程序无人认领时应作为法律拟制的无主财产。

满后三十日内审结作出判决认定财产无主。但原财产所有人或继承人在判决认定财产无主后出现,在民法通则规定的诉讼时效期间内可以对财产提出请求,法院在审查属实后,应当作出新判决,撤销认定财产无主的判决。

2. 遗失物认定为无主财产之具体程序

遗失物①可通过以下两种途径或程序认定财产无主。第一,参照《物权法》的规定,拾得人自拾得遗失物之日起7日内将遗失物送交公安等有关部门处理,公安等有关部门收到遗失物后可以发出6个月的招领公告或者在当地广泛流通的报纸上发出3次寻找失主的公告,每次间隔时间为30天,对于价值不超过100元的遗失物只需公告1次。倘若遗失物具有易腐易坏或保管费用昂贵等特性,拾得人可以在向公安等有关部门报告后进行公开拍卖并由公安等有关部门对拍卖所得的价金进行公告;招领公告应当载明遗失物的数量、种类、拾得日期、拾得地点。② 在招领公告期限内或自报纸上最后发出公告起3个月内无权利人前来认领的则于期限届满

---

① 对于遗失物而言,本身并不属于无主财产,但经法定程序无人认领的遗失物可作为推定的无主财产。在中国,鉴于无人认领的遗失物除了包括一般普通意义上的遗失物之外,还包括两种特别的即漂流物与失散饲养的动物。对于漂流物而言,既可能是基于所有者意思或是其他自然原因导致财产的漂流,其中基于所有者的意愿使财产漂流也并非必然是出于抛弃的意思,如所有者基于抛弃的意思则属于抛弃型无主财产;若无法确定所有者是否具有抛弃的意图或可推知不具有抛弃意图,立法在所有者不明时并经法定程序无人认领的情形下将其同样推定为无主财产。对于拾得漂流物或失散饲养的动物在满足什么条件经过何种程序可认定为无主财产,按照现行法规定,应参照拾得遗失物的有关规定。

② 关于失物招领的规定主要是在参考《智利民法典》第629条与《阿根廷民法典》第2534条规定的基础上,对现行法进行的细节构建,以期冀有所裨益于立法与司法实践。

时应认定为无主财产。第二，参照《民事诉讼法》的规定认定财产无主。拾得人除了可以选择送交公安等有关部门外，还可以向财产所在地的基层法院提出申请并在其申请书中写明遗失物的数量、种类以及申请认定的依据。基层法院在受理申请后，经审查认为财产有主或申请不符合条件，作出驳回申请裁定，申请合乎条件则立案受理，审查核实后应当发出财产认领公告。有权利人在公告期间提出请求，基层法院应裁定终结特别程序，公告满一年无人认领的，在期满后三十日内审结作出判决认定财产无主。但原财产所有人或继承人在判决认定财产无主后出现，在民法通则规定的诉讼时效期间内可以对财产提出请求，法院在审查属实后，应当作出新判决，撤销认定财产无主的判决。

3. 动产遗产认定为无主财产之具体程序

对于无人承受的动产遗产①应参照《民事诉讼法》关于处理认定财产无主案件之规定进行认定。无人承受的动产遗产通过下述程序认定财产无主，对于在继承开始以后，而继承人是否存在并不确定的前提下，由利害关系人包括被继承人生前所在的单位、所在地的居民委员会、村民委员会、债权人等向财产所在地的基层法院提出申请并在其申请书中写明遗产的数量、种类以及申请认定的依据。基层法院在受理申请后，经审查认为存在遗产承受人或申请不符合条件，作出驳回申请裁定，申请合乎条件则立案受理，审查核实后应当发出财产认领公告。有权利人在公告期间提出请求，基层法院应裁定终结特别程序。公告满一年无人认领的，在期满后三十日内审结作出

---

① 无人继承的遗产即被继承人死亡后，既可能是没有法定继承人、受遗赠人，也没有遗赠抚养协议的情形下无人取得的财产。

第二章 无主财产之认定

判决认定财产无主。但遗产承受人在判决认定财产无主后出现，在民法通则规定的诉讼时效期间内可以对财产提出请求，法院在审查属实后，应当作出新判决，撤销认定财产无主的判决。

鉴于近年来自然灾害常有发生，并由此导致无人承受的动产遗产之认定问题在引起理论界与实务界广泛重视的同时亦是亟待解决，其中最为典型的动产遗产即是银行存款问题。将其单列讨论是因为此种无人承受的动产遗产具有以银行为载体的外部特征。在实践中，当发生存款人死亡或是被宣告死亡时，在出现"不存在法定继承人也无受遗赠人或遗嘱继承人"即没有继承人的情形、"存在继承人受遗赠人但其主动放弃继承权或对遗赠予以拒绝"、"法定或遗嘱继承人丧失继承权"、"被继承人通过遗嘱的形式对全部继承人的继承权予以取消"、"遗嘱仅仅涉及部分财产的处分而对于未处分的部分无人继承且无人受遗赠"时，此时银行账户内的存款便处于无主[①]的状态。

笔者建议，对于无人继承且无人受遗赠的动产遗产若是银行存款，将其认定为无主财产的具体程序主要是按照《民事诉讼法》之规定认定财产无主，并应考虑到，鉴于银行存款具有以银行为载体的特殊性，则向财产所在地的基层法院提出申请的利害关系人的范围，除如上所述外，还应通过立法完善将"银行"明确作为申请认定财产无主案件的申请人。因为对申请人予以明确是对无主财产进行司法确认的前提。综观中

[①] 尽管导致银行出现存款无主的情形可能是基于多种原因，除因存款无人继承且无人受遗赠之外，还可能因银行电子系统出现失误抑或是存款的所有者因某些原因并不知晓此存款之存在。但本节主要研究的是因被继承人死亡或宣告死亡而导致的无人继承且无人受遗赠存款被认定为无主财产的问题。

国现行法，尽管民事诉讼法规定了认定财产无主案件，但由于其缺乏相关细节规定，导致实践中可操作性并不强。立法并没有对申请人进行细化规定，相反只援用了"公民、法人、其他组织"等字样。由此导致的结果即是，据相关资料显示，尽管因地震导致无主存款存在，却在现实中并没有银行①作为申请人向法院申请认定存款无主的案件出现，实属立法与实践之脱节。为防止银行依靠职权谋取私利，即便死亡者对银行欠有债务，银行在进行存款清理时亦不能自行抵消而需要由法院作出抵债判决。

中国统一民法典的制定已经纳入立法规划和立法计划，而且未来的民法典中如何设计无主财产认定规范会成为一个立法所要解决的现实问题。但受限于近期制定并颁布实施的可能性不大，而无主存款认定问题又亟待解决。因此笔者建议因地震导致的无人继承且无人受遗赠的银行存款，在实际操作层面除依照上述程序法之规定认定为无主财产外，政府亦应发挥积极的作用，即对于地震后的无人继承且无人受遗赠的银行存款还可以通过其他方式认定财产无主。"尽管《商业银行法》规定，银行本身负有保护存款人的资金安全并拒绝任何个人以及单位对存款进行查询、扣划以及冻结的

---

① 在因自然灾害导致的所有权人下落不明的银行存款，应由政府向各银行发布"国务院抗震救灾指挥部的死亡统计"，然后由银行作为申请人向法院提出认定存款无主的申请；但对于未因自然灾害导致所有权人下落不明的银行存款，对于在1年内没有支取记录的账户被列为"悬而未取账户"之后按照银行惯例又被列为"应付账款"的同时，亦应由银行向财产所在地的基层法院提出认定存款无主的申请，并由法院做出判决。而并非如银行在实践中所为，将"应付账款"继而转为"营业外收入"，即通过会计进行账面处理的方式将无主财产划归银行所有，此种做法既违法对无主财产进行了认定又私自确定了归属，立法应通过修改完善以杜绝此种现象之发生。

义务。"① 但鉴于对死亡者在银行存款进行确认是认定财产无主的前提条件。因此，在政府监管部门持有相关证明材料时，银行应当予以协助查询。详言之，在城市，由政府监管部门依职权在集齐国务院抗震救灾指挥部的死亡统计、当地公安机关的户籍记录的基础上向银行提出查询死亡人存款的要求，银行应协助查询。若银行未丧失储户信息情形下，在查询后应建立账户公示机制，即发出 6 个月的公示期，在公示期满无存款人或者继承人等前来领取存款时则认定存款无主；② 若银行因受自然灾害等影响丧失储户信息情形下，仍应发出 6 个月的公告，在公告期满无存款人或者继承人等前来领取存款则认定存款无主。在农村，由政府或集体经济组织监管部门依职权在集齐国务院抗震救灾指挥部的死亡统计、当地公安部门户籍记录的基础上向银行提出查询死亡人存款的要求，银行应协助查询。同样若银行在未丧失储户信息情形下，在查询后应建立账户公示机制即发出 6 个月的公示期，在公示期满无存款人或者继承人等前来领取存款时则认定存款无主；若银行因受自然灾害等影响丧失储户信息情形下仍应发出 6 个月的公告，在公告期满无存款人或者继承人等前来领取存款则认定存款无主。

4. 不动产认定为无主财产之具体程序

无主不动产包括现实生活中出现的无人继承且无人受遗赠

---

① 高晋康、何霞等：《汶川大地震灾后恢复重建重大法律问题研究》，法律出版社 2009 年版，第 141 页。

② 若在公示期内有存款人、继承人或利害关系人前来领取存款，银行根据主张权利之人提供的法院继承权证明、公证部门的证明抑或其他相关证明材料，按照当前的操作规则为其办理支取。

的不动产遗产①以及其他无主不动产。不动产参照《民事诉讼法》关于认定财产无主案件的规定进行认定。利害关系人向财产所在地的基层法院提出申请并在其申请书中写明不动产的数量、种类以及申请认定的依据。基层法院在受理申请后，经审查认为财产有主或申请不符合条件，作出驳回申请裁定，申请合乎条件则立案受理，审查核实后应当发出财产认领公告。有人在公告期间提出请求，基层法院应裁定终结特别程序，公告满一年无人认领的，在期满后三十日内审结作出判决认定财产无主。但原财产所有人或继承人在判决认定财产无主后出现，在民法通则规定的诉讼时效期间内可以对财产提出请求，法院在审查属实后，应当作出新判决，撤销认定财产无主的判决。

---

① 伴随着近年地震常发，在天灾地变造成人员伤亡的同时亦导致大量无主财产的出现，无人承受的不动产遗产便是其中重要一种，对于无人承受的不动产遗产除可依照认定财产无主案件的规定进行无主财产之认定，在结合地震所带来实际问题的同时。笔者认为对于地震后的不动产还可以通过下述程序认定财产无主。即在地震发生之后，在城市，由政府监管部门依职权在集齐不动产登记簿的记载、国务院抗震救灾指挥部的死亡统计、当地公安机关的户籍记录的基础上发出6个月的公告，在公告期满无权利人前来主张权利则认定财产无主。在农村，由政府或集体经济组织监管部门依职权在集齐集体组织关于不动产的相关记录、国务院抗震救灾指挥部的死亡统计、户籍记录的基础上发出6个月的公告，在公告期满无权利人前来主张权利则认定为财产无主。

第三章

无主财产之归属

财产法的制度宗旨无非有三个,即财产的"归属"、"利用"与"保护"。在这三大宗旨中,"归属"无疑是后续"利用"与"保护"的前提和基础,因而财产的"归属"即产权之界定就成了财产法要追求的首要制度目标。而"归属"问题,又无非包括两个方面,即"有主"和"无主"。因而在制度设计上,立法必须对有主财产的利用与保护做出规定,同时也必须对无主财产的归属与处置做出规定。但在理论与立法实际中,学者、立法者更多地关注对"有主财产"的研究与规制,却偏废了对"无主财产"的研究与规制,而关于无主财产的归属问题正是本章探析之重点所在。

第一节 无主财产归属之制度现状

中国现行《民法通则》、《继承法》、《物权法》以及相关的司法解释等[1]就所有人不明的、无人认领的、无继承人

---

[1] 即便是罗马所最初创立的法,其本身是具有自然属性的不成文法,与法律并不相同。之所以会由具有自然属性的不成文法发展到当今的成文法,主要是因为社会发展到一定阶段的必然产物,由法律对现实生活中人身关系与财产关系进行规定和调整。此种由权威机构制定的规则,目的是保持共同体内一种合理的占有使用物质资料的秩序。由此可见,法律是立足于生活,在对问题进行概括总结的基础上,由人运用某种方式抽象创立的规则。因此,在对无主财产归属进行分析时,首先应立足于现行制度之规定。

的无主财产归属做出了归国家或集体所有之规定，但这种规定有失合理。中国之所以在历史上存在关于无主财产归先占者所有之立法规定，而在新中国成立之后就未曾提及，并非因立法者的立法疏忽所致，而是有意为之。究其原因，主要是因为，反对者认为，确定无主财产归先占者所有不仅是对所有权人权利的侵害，同时违背了立法欲使公权力主体成为当然所有人的倾向。但是笔者认为，确认无主财产归属即适用先占制度的首要前提为此财产系无主财产，既然为无主财产，侵害权利人利益之说则不攻自破。此外，立法之所以允许国家干涉私权，其目的是出于对公共利益的考量，若不分无主财产是否涉及公共利益而一律使国家或集体成为其唯一所有者，似乎丧失立论基础。纵使无主财产与公共利益存在关联，也应该在其他法律制度中体现，而并非在具有私权属性的民法中加以规定。因此立法规定无主财产一律归国家或集体所有，亦主要是基于其具有公权力主体之身份，此种规定有失合理。

　　有鉴于此，笔者立足于中国关于无主财产归属之制度现状进行分析，足见其在事实与规范之间是存在悖离的。换言之，无主财产在现实生活中实际归谁所有抑或国家默认其归谁所有，与其在立法基于自身性质及规律确定其归属之间是存在悖离与脱节的。作为在现实生活中无主财产归属之表现样态实然本身在某种层面上会与立法就此问题基于理性分析之规定存在不同。但并非应然之规定就是合乎情理的，笔者认为，立法规范将一切无主财产归国家或集体所有之所以不合理，理由如下。首先，立法规范将一切无主财产归国家或集体所有，与法理不符。从法理角度而言，民法遵循的基本理念是权利义务之对等，立法规范任意将公权力进行扩大化，使公权力主体在未负有任何义务的前提下就享有作为无主财产当然所有者之权利，这显然是不符合法理的。其次，立法规范将一切无主财产归国家或集体所有，事实上既无必要亦无可能。从现实角度而言，若将无主财产统一归国家或集体所有而不承认先占取得，既不利于社会发展，也会加重国家负担。详言之，本可由拾荒者捡拾之无主财产，若否认其取得所有权，将会出现两种极端现象，部分人因丧失了利益的驱动而逐渐对无主财产视而不见、任其灭失，不捡拾不利用；另一部分人捡拾后藏之匿之，不使用亦不上交，无论从哪种结果来看，殊途同归势必导致无法循环利用大量可回收财产，减少了社会财富。

此外因抛弃产生的无主财产，形态品种各异，公权力主体亦无可能设置机构代替拾荒者。倘若国家为了便于管理，耗资设置各种机构，不仅耗资甚巨，最关键的是得利甚微。足见倘若将无主财产一律纳入国库，尚不论因无人利用造成的浪费，对国家亦是造成不小的财政负担。况且事实上国家对先占取得亦是持有一种默认态度，据相关资料显示，除法律明确规定保护的野生动植物之外，国家并不禁止任何人进入国家所有的或者集体所有的荒原、森林、滩涂进行捕鱼、打猎、砍柴、采集野生植物、果实、药材并取得猎获物、采集物的所有权以及捡拾抛弃物并取得所有权的行为。这足以说明无主动产在现实生活中较为常见，并与作为社会生活习惯的先占制度相结合，获得了来自国家的默认许可。[①] 由此可见，立法规范将无主财产一律收归公权力主体所有，造成事实与规范之间的悖离。换言

[①] 参见全国人民代表大会常务委员会法制工作委员会民法室《物权法立法背景与观点全集》，法律出版社2007年版，第459页。

之，倘若否认无主财产先占取得亦是与社会现实不符，在生活中常见人们采花垂钓以及众多儿歌如《采蘑菇的小姑娘》等，若按此立法规定确定归属，岂不是对公共财物的侵占以及大肆对违法乱纪行为的公开宣扬。立法赋予公权力主体成为无主财产的当然所有者，既影响了社会风气，不利于资源的循环利用，亦是无权利无必要的，如此规定只会造成与现实的脱节，与事实的悖离。

综上所述，不论是从法理的角度，以民法遵循权利义务对等原则为切入点，让公权力主体成为当然所有者却未负有任何义务不合乎法理；抑或是从国家机构设置的角度，大多数的抛弃物价值较小且形态各异，若国家为管理这些无主财产而设置大小不同的机构，耗资甚巨且所得甚微。从社会现实角度来看，若不承认拾荒者取得废品所有权，势必造成无人敢冒着侵权之风险捡拾废品，不仅是对资源的浪费，更导致大量可回收资源无法重新利用。况且国家亦不可能成立专门机构派出专职人员来代替拾荒者的工作，如此确定归属亦是无形之中增加了国家负担。因此，中国现行法将所有人不明的或是经过法定程序而无人认领的遗失物、埋藏物、隐藏物、漂流物、无人继承之遗产等无主财产一律归为国家或集体所有，是既无权利亦无必要更无可能的。

第二节　无主财产归属之比较法考察

域外法通过先占制度来确定无主财产之归属，其关于无主财产归属之立法例有三种。

其一，罗马法采纳的是先占自由主义，即对动产与不动产不加以区分而一律可以通过先占获得所有权；可见在罗马法上不仅存在无主动产,[1] 还存在无主不动产。罗马法之所以会采纳先占自由主义,是因为在罗马人看来,占有是一种同物的事实关系,一种对物在事实上的控制,其使人能够充分实现对物的处分,同时它要求具备作为主人处分物的实际意图。由此可见占有并不等同于现在所言的所有权,[2] 其所体现仅仅是所有权之一般内容,换言之,占有是所有权的外部形象。[3] 罗马法上最初关于所有权的理念主要是一种源自经验性的确认,对个人所有权的一种在事实上的认定,在认定某物归属于某人之后,即意味着某人可以占有、拥有和使用等。这并非是关于所

---

[1] 按照传统民法上的分类标准,即以是否能够进行移动并且在移动之后能否对物的性质造成改变,是否会造成价值的减损进而将无主财产分为无主动产与无主不动产。"无主动产"是指无人所有的,能够进行移动即便发生空间上的转移也并不会造成性质的改变或对其经济价值造成任何损害之财产。无主动产在现实生活中比较常见,根据中国《物权法》第四十九条的反面解释,即认为凡是法律未规定属于国家所有的动植物资源,其归属就既不属于国家所有亦不属于集体所有。结合《野生动物保护法》第二条规定:"本法规定保护的野生动物,是指珍贵、濒危的陆生、水生野生动物和有益的或者有重要经济、科学研究价值的陆生野生动物。本法各条款所提野生动物,均系指前款规定的受保护的野生动物。"第三条规定:"野生动物资源属于国家所有。"同样根据反面解释,凡是属于非珍贵非濒危的陆生、水生野生动物和并非有益的,无重要经济、科学研究价值的陆生野生动物的归属就不属于国家或集体所有。既不属于公有,那就代表可以私有,如野鹿、野兔、苍蝇、老鼠、泥鳅等自始未设定所有权的野生动物资源,在未对其归属进行确定之前,其都属于无主动产。此外,无主动产不仅包括所有者放弃所有权的抛弃物,如抛弃的铅笔、水瓶、旧的家电、垃圾、饮料瓶等;还包括中国立法规定凡是所有人不明的或经过法定程序无人认领的埋藏物、遗失物、隐藏物、漂流物或无人承继的财产等等。

[2] 巴里·尼古拉斯曾形象地阐述所有权与占有在罗马人眼中的区分,即有权拥有一本书与拥有一本书两者存在着本质的差别。如小偷盗取财物后,他本身没有拥有此财物的权利,但是他在事实上却拥有这个财产。由此可见,事实拥有与有权拥有的差别使得占有与所有权进行区别。

[3] [意]彼德罗·彭梵得:《罗马法教科书》,黄风译,中国政法大学出版社2005年版,第205页。

有权的定义，而只是对现实生活中存在个人所有权事实状态的一种经验确认。足见，从占有之中所展现出的所有权之理念被认为是一种与生俱来的并作为产生其他权利之基础的原始权利，即便从事实上"对物占有"之中展现出了"对物的所有"之权利理念，但因欠缺一个天然的权威而使得难以实现自然状态之下人对物的所有权。罗马所最初创立的法，其本身是具有自然属性的不成文法，与法律并不相同。法律则是立足于生活，在对问题进行概括总结的基础上，由人运用某种方式抽象创立的规则。

由于罗马法采纳的是先占自由主义，立法在确定无主财产归属时，不论是无主动产抑或是无主不动产，都可以归先占人所有。在对罗马法时期无主财产归属进行分析时，应立足于只有当人类对物占有之事实获得来自于法律的保护时，一种自然状态下对物所有的观念才会成为合法的权利占有。诚如卢梭所言："尽管最初占有者之权利更加真实，但其成为真正的权利也仅仅是在财产权得以确立之后。每一个人都被自然赋予权利可以取得为个人所必需的一切，但若使他成为某个财富所有者，便排除其对一切其余财富的所有权。况且该人的那份财富已经确定，就应以此为限，不能对集体有更多的权利。这即为何社会人尊重脆弱的最初占有者权利之原因所在。"① 从占有角度观之，占有之中发现了所有权的观念，权利的理念蕴含于占有人的主观意识、占有人客观占有物之事实以及他人对占有物的承认之中。所有权理念发现于占有之中，表现于未来法律上有权占有，并作为规定所有权的基础。从制度角度观之，占

---

① ［法］卢梭：《社会契约论》，何兆武译，商务印书馆2001年版，第31—32页。

有稀缺自然资源之人需要获得来自他人对占有事实的认可且获得他人不实施侵害行为的承诺，与此同时，占有稀缺资源之人亦应给予他人同样的承诺，即对他人实施与其相同占有行为之认可与不予侵害的承诺，法律所有权的曙光是伴随着此种相互之间约定的出现而初现的。

其二，日耳曼法采纳的先占权利主义，动产在获得法律许可的情形下，可先占取得，而不动产则由国家享有先占权；由此可知日耳曼法只承认无主动产，日耳曼法否认无主不动产的存在。详言之，先占权利主义意味着在法律许可的前提下，无主动产归先占人所有，鉴于日耳曼法不承认无主不动产之存在，因此不涉及确定归属问题。

其三，大多数国家采纳的二元主义或折中主义，即先占自由主义适用对象是动产无主物，国家先占主义适用对象是不动产无主物。[1] 二元主义已然成为域外立法通例，其最为典型的代表是日本，正如《日本民法典》第239条规定："以其所有意思占有无主动产者，以占有取得其所有权；不动产无所有人的收归于国库。"日本立法直接规定了无主不动产属于国家，意大利、瑞士及中国台湾地区并未直接规定无主不动产属于国家，如《意大利民法典》第923条第1款规定："通过先占，可以取得不属于任何人所有的动产。"《瑞士民法典》第718条规定："以成为某动产的所有人为目的，先占无主动产的人，取得其所有权。"以及中国台湾地区"民法典"第802条规定："以所有之意思，占有无主之动产者，取得其所有权。"通过分析可见上述民法典将无主

---

[1] 屈茂辉、阳金花：《我国物权法确定先占制度若干问题研讨》，载《湖南大学学报》（社会科学版）2005年第1期。

动产规定为先占的对象继而从先占制度中排除了无主不动产，并将国家先占主义适用于不动产，亦等于否认无主不动产的存在。

足见上述国家以及中国台湾地区与日本民法典的明确规定有着相同的规范意旨。《法国民法典》在第 539 条、第 713 条中规定无主财产属于国家，按此立法规定不能推断出存在无主财产，但是按照其通说认为，此条规定太过宽泛且不明晰，国家成为无主财产的当然所有者其针对的是无主的不动产。[①] 而无主财产不仅包括不动产，还有动产。不论是野生动植物资源，如飞禽走兽、海洋以及自然流水中的鱼类、海底矿产之类的海产品等，抑或是被权利人抛弃的物品，如拾荒者捡拾的各种动产物品。[②] 足见其通说还是主张无主动产的存在而否认无主不动产的存在。

[①] "无主的不动产"则是指无人所有的，本身占有空间固定位置且不能自行或依靠外力发生移动，若发生移动后会造成性质的改变或对其经济价值造成影响之财产，如无主的房屋。域外关于无主不动产国家先占主义的立法例选择是笔者在分析的基础上觉得不足以借鉴的对象，尽管中国现行法就此问题并未有明确规定，但对于不动产物权的变动经登记发生法律效力，即当不动产所有者意欲实施放弃所有权行为时，必须经过注销登记才能实现消灭所有权之目的。倘若采纳国家先占主义的观点，权利人进行注销登记之时即为国家先占取得之时，二者无缝连接，按此观点并无无主不动产存在之空间。笔者认为国家先占主义不足取，在现实生活中是存在无主不动产的。无主动产虽为常见，但随着中国经济的飞速发展所带来的日益丰富的物质资料，伴随着社会财富的增加，在现实生活中可能出现因权利主体放弃对中国的涵洞、高架桥、建筑物、水利设施、纪念碑等财产的所有权而导致这些不动产成为无主财产。此外伴随着近年地震常发，在天灾地变造成人员伤亡的同时亦导致大量无主不动产的出现，无人承受的不动产遗产便是其中重要的一种。

[②] 参见［法］弗朗索瓦·泰雷、菲利普·森勒尔《法国财产法》（上），罗结珍译，中国法制出版社 2008 年版，第 13 页。

第三节 无主财产归属之历史考察

无主财产归属问题，中国历史上早有相关规定。早在《管子·揆度》中有所记载，尧舜购买虎豹皮革用的是从敌人处先占的财物。① 《周礼》则记载"按市有遗物，事之常也。置于叙以待认领。三日举之者，言过三日无人认领，则没入官也。"② 由此可见，将先占取得无主财产与遗失物的拾得紧密相连，若超过招领期限无人认领的遗失物则收归国家所有。唐代所言的阑遗物参照《辞海》的诠释即是当今所称的遗失物，从法制史层面考察，综观各个朝代不论是推行法治抑或德治，皆对无人认领的遗失物的归属问题进行了规定。

在西周以及秦汉时期对于确定无人认领的遗失物归属之规定，在一定层面上是以先占的方式作为所有权取得方式之一的体现，也反映了远古时期肯认先占取得之遗风，但鉴于社会初期相对匮乏的物资资源，所以亦规定了无人认领且价值大的遗失物归公。详言之，西周最早对无人认领的遗失物归属制度进行规定，正如《周礼·朝士》有言："凡得获人民、六畜、货贿者，委于朝，告于士，旬而举之，大者公之，小者庶民私之。"③ 可见在西周时期凡是对于他人丢失的物品钱币、奴隶、牲畜的拾得人在拾得之后应当对其进行妥善保管，如因保管不善造成损失要负赔偿责任，拾得人在拾得遗失物后或者报告给专门机关或者直接归还给失主，但不能占为己有。对于向专门

---

① 参见曾宪义《中国法制史》，北京大学出版社2000年版，第68页。
② 钱玄等：《周礼》，长沙岳麓书院出版社2001年版，第80页。
③ 吴树平等点校《十三经全文标点本》，北京燕山出版社1991年版，第384页。

机关即秋官朝士处递交报告，且需要由其进行公告，期限为十日，倘若在此期限内有失主前来认领则归属失主，但拾得人可以从失主处获得一定的偿金，失主应当给付；若无人前来认领，归属方式是价值大的归属公家，价值小的归属私家即拾得人所有。倘若拾得人欲图对遗失物据为己有，拒绝归还则要受到处罚。

尽管关于无人认领的遗失物归属问题之条文在秦汉时已经灭失，但仍能从典籍记载中发现汉代与西周时期规定相似即"大者没入公家，小者归私"之相关佐证。与西周时期规定雷同，在汉代拾得人在发现遗失物之后即将其送到政府公告招领，若经过公告期十天仍无人认领，价值贵重物品归公而价值小的则归属拾得人所有，但是何为大何为小，并不清晰，仅仅知晓拾得人可以取得小奴隶或小牲畜的所有权。对于拾得人意图将遗失物据为己有拒绝送交官府时要受到较重的处罚，诚如李悝在《法经》中所言，拾遗后意图归为己有者盗意在心，所以尽管并非真正实施了盗窃行为，仍以刑来处罚。尽管此时期对于无人认领的遗失物确定归属原则如上，但是鉴于在汉代思想领域主要受来自儒家思想的教化，在司法实践之中亦出现了受儒家思想影响之趋势。在一些地方推行儒家教化的官方发出千万不要因为贪图小便宜而丧失大义的倡导，而路不拾遗则成为推行德政之标志之一，正如《文子·精诚》中较早出现关于路不拾遗之叙述，即"老子曰：昔黄帝之治天下……田者让畔，道不拾遗……"之后多用此词来形容一种社会稳定、民风淳朴的境界。纵然儒家思想并未上升到立法修改层面，但着实在司法实践方面发挥了不可忽视的作用，实践中在路不拾遗的影响下，对遗失物进行占有的拾得人受到的不仅是源自道德层面的谴责，更有甚者会受到来自地方官条教之制裁。

第三章　无主财产之归属

关于无人认领的遗失物归属之确定在晋代以及南北朝时期,尽管晋律已经灭失但仍可从张斐注律表中可知拾得人在捡拾遗失物之后应当履行还主交公的义务。南北朝时期,如《南齐书·王敬则传》有云:"郡中多剽掠,有十数岁小儿于路取遗物,杀之以徇,自此路不拾遗,郡无窃盗。"① 由此可见,与秦汉时期不同,此时的法律因儒家思想的进一步影响与深化、割据状态存在使得统治者通过积极的立法来巩固自身统治等原因而在立法中体现出来更加浓重的儒家韵味,不还赃在南北朝时期即构成犯罪行为。

法律的儒家化历程以汉朝为起始点在经过 800 年发展后终于集大成于唐代,伴之而来的舆论与道德导向渗入唐代律法之骨髓。一准乎礼是贯穿于当时民事法律的精神所在,《唐律疏议·杂律》就阑遗物的规定是,拾得阑遗物者即须送官,若满五日仍不送官者,以亡失之罪论之,若计赃重于亡失者,则以坐赃论,罪止徒三年。② 此外不仅仅在《捕亡令》中规定拾得阑遗物之后的处理规则且在《厩牧令》中对阑遗的牛、马、羊、骡等牲畜亦加以了规定。详言之,《捕亡令》中规定,对于拾到阑遗物的人,应当将此物送到近县,倘若是在市拾到阑遗物则应当将其送到市司。无论是近县抑或市司在取得此遗失物后,皆应当悬于门外从而起到公示的作用,对于有失主来认领遗失物的,需要对财产的标记进行检验抑或失主能够提供其他证据的方可归还且需要保人作保;对于自财产公示历经三十日仍无人认取的,由官府进行收藏,但是若公告满一年还是无人认取的,则收归官账,但是即便没官处理之后只要原财产仍

---

① [梁]萧子显:《南齐书·王敬则传》,中华书局 1999 年版,第 323 页。
② 参见《唐律疏议》,刘俊文点校,法律出版社 1999 年版,第 560 页。

然存在，失主若能提供有效证据前来认取，仍归还失主。①《厩牧令》中规定对于遗失的牛、马、羊、骡等牲畜区分以下两种情形，一是若存在官印且没有私记，拾得人应当送交官牧；二是若没有官印或是既有官印又有私记，公告经过一年且没有失主前来认领，则印入官且不改变其本印，送至近处别群而牧。若有失主前来认领牲畜，将其带领至放牧的地方进行认领，并在能够确定其是失主的情况下将此牲畜归还之。

足见，从实践层面而言，鉴于唐代律法对阑遗物归属之确定在程序上进行较为详尽规定，由此带来较强的操作性。在精神内涵层面而言，唐代律法侧重于对于失主利益之保护便赋予其对阑遗物的几乎是无限追及的权利，不仅仅在否认拾得人先占取得无人认领的阑遗物的同时还使其负有将阑遗物送交官府的义务，若企图占为己有则是犯罪行为，而且秉承儒家礼教的思想亦不承认拾得人享有任何报酬请求权。继承唐制，宋代关于无人认领的遗失物归属确定的基本原则吻合于唐代律令，即拾得人负有还主交公之义务。对于无人认领的遗失物归属之确定在元代仍是需要经过十日的公示期，在此期限内无人认领则归属官府。由于牲畜的遗失在当时占有相当大之比重，官府基于实用主义之考量，规定失主在对遗失的牲畜进行认领时，应当将喂养牲畜的草料费支付给官府。

自晋代以来直至元代，对于拾得人皆应还主交公且在公示期满无人认领的情况下，遗失物归公。无人认领的遗失物归属之确定自明清开始发生了变化，鉴于在实践层面，民间多为拾得遗失物纠纷争讼不已的社会需求引发了立法变革；在思想层

---

① ［日］仁井田升：《唐令拾遗》，栗劲、王占通、霍存福、郭延德译，长春人民出版社1989年版，第659页。

面，民事法律体系伴随着对元代立法实用主义思想之继承以及明初统治者重建经济秩序的需求而寻求到发展之契机；此外随着人们不断地认识到对于遗失物的返还而言，法律设定利益保护驱动力的效率远远优于道德驱动力。① 基于上述原因，即改变了自晋以来拾得人无权取得所有权的做法，规定在法定期限届满无人认领时肯认了拾得人依据先占原则取得所有权。正如《大明律》中所言，拾得人在捡拾遗失物后应当送交官府，遗失物在公告期内倘若有失主认领，则失主与拾得人各取得一半遗失物价值，足见此时可以理解为赋予拾得人获得报酬的权利；倘若期满无人前来认领，则由拾得人成为遗失物的所有者。清代的律法继承了《大明律》中关于无人认领的遗失物归属之条文，从而使得拾得人而并非失主成为立法所力求保护的重点所在并对在公示期内无人认领的遗失物由拾得人先占取得进行了肯定。此后不论是1908年颁布的《取缔遗失物简章》②的专门法规、《大清民律草案》抑或是南京国民

---

① 诚如雷梦麟在《读律琐言》有言，在有人前来认领遗失物时，于所得遗失物内，将一半给予得物人充赏，赏其无隐匿之情，有还人之意也，一半还给失物者，彼既失物，无望复归，幸而为人拾得，得归一半亦足矣。（［明］雷梦麟撰：《读律琐言》，怀效锋、李俊点校，法律出版社2000年版，第198—199页。）由此可见，倘若拾得人在拾得遗失物后五日内未送交官府，则认为其有意图将此物据为己有的私心，不应该对其进行赏赐。如若拾得人将遗失物送交官府，在公示期内有失主前来认领，之所以还应将遗失物的一半作为赏赐给予拾得人，即是因为一方面是对拾得人拾金不昧的行为进行表彰，另一方面对于失主而言，既然丢失了物品，本来也没有希望可以重新拾回，幸好有人替其拾得，那么失主取得遗失物的一半就足够了。

② 《取缔遗失物简章》是在鸦片战争后，受日耳曼法影响下由巡警总厅颁布的，其关于遗失物归属做出如下规定，即拾得人在发现遗失物后应向巡警机关上交并由其登报招领，若失主前来认领，则拾得人获得遗失物价值的5%—20%，剩余部分归失主所有；若无人认领则由拾得人取得遗失物所有权。

政府时的民法①皆以不同的条文对无人认领的遗失物归属进行了相似的规定，即肯认了招领公示期届满后无人认领时由拾得人成为遗失物所有者。

经过上述分析可知，各个朝代不论是推行法治抑或德治皆对遗失物的归属问题进行了立法规定。立法关于遗失物归属之规定经历了没有外力影响自然变迁以及深受外力作用影响的变迁。详言之，首先，尽管西周、秦汉时期关于无人认领的遗失物的归属之确定即是"大者公之，小者庶民私之"，但遗失物可以通过先占而归为己有即所谓的"小者私之"自汉代开始在司法实践中便受到了限制，主要因在汉代受儒家思想路不拾遗之影响。其次，以晋代为起点直至元代立法关于无人认领的遗失物的规定规则是"拾得人不能取得所有权"即拾得人仅负有还主交公的义务且不享有报酬请求权。最后，伴随着私权观念的发达从元代拾得人仅负有送官之义务演变成明清律典中规定的拾得人先占取得所有权，上述变化皆是源自民族内部并未受到外力作用的自然变迁。后来清末以及民国时期，在鸦片战争之后清廷在受日耳曼法影响之下被迫进行法律的修订规定了在公示期限届满无人认领时拾得人按先占原则取得所有权，这正与明清律法规定相吻合。不论是中国的明清律典抑或是德日民法典皆殊途同归的肯认在公示期限届满而无人认领时拾得人按照先占原则取得所有权，对此不能仅认为是一种巧合，而应认为之所以作如是规定其背后暗藏一定合理之处。

---

① 与《大明律》的规定类似，南京国民政府时期关于遗失物的处理规则是拾得遗失物之后拾得人既可以向警署报告亦可以招领揭示，公示期为六个月，若此期限内有失主前来认领，则由拾得人获得遗失物价值的30%，剩余部分归失主所有；若期限届满无人认领则由拾得人取得遗失物所有权。

可惜的是中国并未延续此历史发展之脉络，在新中国成立初期起草的民法典中所有权编的八个版本中，除第一版本未对报酬请求权进行规定外，其余版本皆有规定且八个版本皆对无人认领时的遗失物归国家所有作出了规定。在1962—1964年间民法典的第二次起草根本未规定无人认领的遗失物归属问题。此后不论是1979—1982年民法典的第三次起草、1986年的《民法通则》抑或是2007年颁布的《物权法》似乎皆回归到了晋代关于无人认领的遗失物归属之规定，即拾得人仅仅负有还主交公的义务且不享有报酬请求权，在期限届满而无人认领时收归国家所有。

笔者认为鉴于中国未能妥善的处理道德与法律的关系继而导致在新中国成立之后一改往日惯例对拾得人取得无人认领遗失物所有权以及报酬请求权进行了否定。但一味使用道德标准来要求指导人们的行为所带来的弊端仍不容忽视。尽管立法者竭力在倡导《文子·精诚》中所阐述的路不拾遗以及拾金不昧的理想状态，意图以一种高尚的道德准则来指导人们在拾得遗失物之后主动地还主交公。但立法不对报酬请求权以及先占取得进行保护所引发的结果却事与愿违，主要是因为立法者在制定法律时纳入其考量范畴的应是大多数人所能够达到的道德标准而并非仅仅是少数有德行之人所能够达到的境界，让社会中的芸芸众生按照智者贤士的道德境界去行事是不切实际的。如此的立法规定所带来的结果即是拾得人在拾得遗失物之后会认为按照法律规定自己并不享有报酬请求权即便在无人认领时，遗失物亦是归国家所有，与其这样还不如不予归还而占为己有。在某种层面而言较少的拾得人会选择归还遗失物从而使得法律的规定变成了一纸空文，无奈的失主只好借助于悬赏广告而这本应是由立法所完成的功能，这无形之中造成了社会成本的增加。正如，美国一杂志社于 2001 年的关于拾得钱包的调查结果亦是对笔者推断的有力证明，中国已然被列为具有较低归还率的国家队伍中是因为拾得遗失物者只有 1/3 比例将其归还失主。

有鉴于此，中国应当延续明清律典抑或是德日民法典对于拾得人报酬请求权以及对公示期限届满无人认领时，由拾得人按照先占原则取得所有权进行肯认，通过立法的规定来敦促人们遵照道德标准行事继而达到一种开明的局面。此外作为封建盛世的唐代用"有"字表示与所有权相应的观念，即是对财产的一种完备排他的权利。唐代的律法较为完备地规定了无主财产的归属制度，无主财产在唐代的律法上主要是指无人认领的阑遗物、宿藏物、漂流物。对于阑遗物已如上文所述，不再赘述。

对于宿藏物[①]而言，唐律将宿藏物视为对土地的添附物，鉴于唐律对土地的官私所有权进行规定后，对于宿藏物归属的确定分为以下两种情况：一是土地所有者发现宿藏物存在于土地内，则此宿藏物的所有权由土地所有者或发现者取得；二是发现者在他人所有土地之内发现宿藏物，则由土地所有者与发现者各得一半。正如《唐律疏议·杂律》中规定，对于在他人的土地内发现宿藏物之后，按照规定应当与土地所有者各取一半，倘若不送还给土地所有者即自己藏匿起来企图独占的，则构成犯罪。以上是针对一般的宿藏物而言，对于特殊的宿藏物如律注所言，行为人如果发现的是不同于一般宿藏物诸如钟鼎、古器等特殊宿藏物，应当送交官府并由其出价收购，个人是无权私有的，对于那些企图独占不送交官府的人构成犯罪。

---

① 宿藏物在唐律中即是现在所称的埋藏物。

宋元后来继承了其相关规定。就漂流物而言，其与阑遗物适用并不相同的法律规定，《杂令》有言，无论漂流的是公还是私的竹木，对于漂流物的截得者应当在拦截住漂流物之后明立标板且到附近的官府进行报官公告，公告期为三十日。若在公告期内有失主前来认领，截得者有权以部分所接得的物品作为报酬，若在三十日内没有失主前来认领，截得漂流物之人享有取得漂流物所有权的权利。

　　清末的《大清民律草案》和《民律第二次草案》在传承中国法律文化的基础上，在第三编第二章中有关于先占的规定。1923年国民政府颁布的《民法典》正式确立无主财产归属，即在第802条规定，以所有之意思占有无主动产者取得其所有权。但随着旧中国民法的废除，新中国成立后，中国立法体系上未出现关于无主财产归属的规定，更不论先占取得无主财产。究其原因无非是因为担心此制度设计会造成对所有权人权利之侵害、违背社会宣扬的拾金不昧的道德准则、无主财产量少价菲，且因中国立法存在国家利益扩张倾向，欲使无主财产当然所有者为公权力主体，但并不能因为上述原因就否认立法规范无主财产归属之必要性。随着物权法立法工作逐步开展，1998年全国人大法工委开始民法典和物权法的立法工作，并委托梁慧星教授与王利明教授负责撰写物权法草案建议稿，学者建议稿皆肯认了无主财产的先占取得，但全国人大法工委公布的《民法典》草案以及全国人大法律部委员会提交的第四次审议稿中并未提及，之所以现行法只字不提无主财产可以先占取得是因为其认为国家拥有一切无主财产的所有权。

第四节　无主财产归属之法理分析

一　无主财产归属与伦理精神

从伦理角度分析无主财产之归属，鉴于无主财产问题在本质上属于财产法这一大研究范畴中的所有权问题，对无主财产的归属从伦理角度进行分析应在历史的脉络里探析所有权之起源，而起源问题首先就需要对"法律为何对占有人权利的保护如此青睐以至于进行权利体系的设计"进行剖析。尽管从政治国家与市民社会之间的关系来对近代西方的财产权学说进行分析可知其反映了共同体与个体之间紧张与分立，在西方以劳动财产权理论闻名的是洛克，但不论是洛克的劳动占有说[①]抑或是

[①] 洛克的劳动占有说：洛克认为私有财产产生的依据是劳动，由于人类的劳动属于私有，所以经过人类劳动取得之物应属于私有。洛克的观点是从人类生存的权利，自然理性以及对资源的共享的层面而言，人类自出生开始即获得享用自然界为其提供的食物、水以及满足其生存条件所需的其他财物的权利。自然界为满足人类舒适舒服的生存而为其提供土地以及其他资源。鉴于植物抑或动物皆是自然界之产物，若私人主张其享有对于自然界中东西排他之私人所有权是没有任何理由和依据的，所以在自然理性的模式下这些东西应当归属整个人类之共有。这些自然之物随着社会发展必然会通过某种方式归为私用继而为某一特定人服务，因此就需要为人类将共有物归私寻找依据。在洛克看来，每个人享有对自己人身的所有权，这是一种排他性的权利，基于此由自己身体所进行的劳动和工作就理应属于他本人。尽管土地等自然物品归属人类共同所有，但独立个人通过自身劳动使处在自然状态下的物品脱离自然状态，此时就应当认为此物品已经包含了行为人的劳动，从此由共有变为私有。诚如洛克所言，某人在森林里的树上采摘果实时，就应当由他享用此果实，但是此果实为他私用的转折点应当是采集占有的时候。正是人类的劳动使得这些物品区别于自然界所提供的公共的物品，就犹如在自然已经完成的画卷上添加了惊鸿一笔，这样就转为私用物品。综上，人的本身行动即人类劳动是对财产先占之基础。

康德的理性占有说，[①] 乃至黑格尔的物内意识说[②]似乎并不能很好地阐明所有权源起之历史动因。有鉴于此，笔者认为应当以伦理学为切入点对无主财产归公抑或归私进行分析。按照自然理性的要求，人类在出生之时就享有了生存的权利，从而他们可以为满足生存的需求对自然界提供的食物进行享用。这即正如大卫王在《旧约》诗篇第一百五十篇第十六节所言，上帝把土地给予了人类并为人类所共有。可见从上帝给予的启示而言，上帝所给予整个人类共有的财物是如何演变成某些人享有对某些财物的所有权的，这主要是基于在人性恶的假设中一种占有本能使然。

从历史的角度而言，上帝本将天堂留给了自己，将世界即土地及其上的一切留给了全人类所共有，并赋予其理性，其目的是为了让人类能够基于更好生存和舒适生活的目的对自然财物进行利用。对于产生于自然界的果实和牲畜，由于其生产本是自然自发的，就应当归属于整个人类，任何人天生不具有对于这种自然产物排斥他人的私人所有权。但是这些人类所共享

---

① 康德理性占有说对占有本质的论证是从权利的层面而言，他认为占有包括由理智理解的理性占有与有感官感到的感性占有（事实占有），两者不同，如我手上拿着一本书，我并没有权利称此书是我的，除非将此书从手上拿走且不论置于何处，我才有权利说那本书为我占有时才认为书是我的。康德认为持有是事实占有，所有才是理性占有，权利本身即是理性占有一物，由一种事实上的外在占有变成依据内在权利的理性占有。（[德]康德：《法的形而上学原理》，沈叔平译，商务印书馆1991年版，第54、59页。）

② 黑格尔的物内意识说认为占有之基础是人的自由的意志，而所有权之本质正是从这种反映着人类的一种自由意志之占有之中展现出来的。人本身享有将自身意志体现于任何物之中的权利，继而此物归其所有，物的规定和灵魂仅仅是从行为人的意志之中获得的。如当某人将自身意志体现于物内，当此物为某人所有之时，此时是某人将自己的不同于物原有的灵魂赋予了它。即行为人将自身之意志体现在物内，并且将此物置于自身力量支配之下，此物才是行为人的。

的自然产物若想为人类使用,就不可避免地需要通过拨归私用方式,尽管人类明白应该按善行事,但是却在实际行动中将善挂钩于自私利己的目的,使得原本应为善的行动却成为功利的一种实现手段,所以其基于人性层面上的恶在面对人类共有的物品时会产生一种为一己之利企图独占的心理,这是一种人类在面对财富时的自私自利的心理。所有权的产生正是源于人类以此种自私自利的心理对财富进行追逐,基于伦理层面人性恶①进行现实占有的社会财富亦成为法律所确保之财产,人性恶加速了人类文明的发展与进步。诚如康德②所言,人如果不存在欲望的驱使,如财富、荣誉、权力等,那么人的种种天赋就会被埋没,无欲无求的像阿迦底的牧羊人一样自满自足、和

---

① 关于人性是善是恶,存在这两种不同的观点即性善论与性恶论。在康德以前的思想界所奉行的主流是性善论。如古希腊的苏格拉底认为人间多恶主要是因为人类无知从而无法实现人性之善,而并非人性为恶。柏拉图认为世间多丑、假、恶皆是因为人类对完满的、先验理念的忘却。在中世纪的基督教哲学也认为人因违背了上帝旨意而堕落,因失去人所有的神性而犯罪。尽管文艺复兴时期主张的人权、启蒙主义时期主张的理性以及浪漫主义时期主张的独立是对教会霸权的颠覆,但其仍主张性善论,由此可见,在德国的古典哲学产生之前性善论是主流。但康德指出,人性若本是善,那么人类何故对善进行追逐,所以其在查阅历史文献的基础上发现恶的存在是与历史与生俱来,并在本体世界中寻求恶的本质,继而认为恶源于人性并且提出恶主要存在于三个层面:即心灵不纯洁(明知应该按善行事,但却将其挂钩于私利,从而使善作为一种利己之手段,此乃一种明知故犯之罪恶)、人性的脆弱(尽管自己已经意识到感性之恶,但限于不知如何运用理性精神导致无法抗拒感性之恶)与心灵之堕落(已经意识到如何运用自身的理性精神,并将全部的理性有意为恶服务,此乃最严重之恶)。

② 在康德的《逻辑学讲义》中,其提出了关于"人是什么"的问题,这是康德的人性论问题。康德对于人性的认识介于悲观主义与乐观主义之间,其在承认人具有根本恶的前提下,又认为人具有向善的可能性。在康德看来,人性是介于兽性与神性之间,即克服兽性并不断地向神性趋近,尽管人要远离兽性并不断向神性趋近,但亦要防止人企图成为神,这是因为人若成为兽,那么伦理道德完全对作为兽的人而言,是说不通的,但人若成为神,则完全没有必要对其适用伦理道德。所以,只有人介于兽与神之间,伦理道理才有存在的必要与可能。

谐的生活。这是因为人类不能够实现一种更高的价值存在，倘若他们能够具有羊群一样的好脾气。①

在康德看来，伦理道德之所以对人类适用是因为其介于兽与神之间，既非兽类亦不能成为神。根据其理论，整个人类的人性具有根本恶即在人的本性之中存在一种趋恶的倾向，尽管这并非是一种现实恶，而仅仅是一种可能发生之恶，这亦成为为何人类会作恶的主观依据。所谓的"人天生是恶"准确而言并非是说所有人都是恶人，而应是人类存在作恶的可能，根据康德的自由理论，人是趋向恶还是善，其实现均是通过人自由意识下的自由行为，由于依赖于自由行为所以也就为人类驱恶向善提供了契机。在其看来人性是在人远离兽性并向神性趋近的过程中生成的，理性乃人性之本质。黑格尔则从推动历史的高度来谈论性恶论，在其看来作为推动历史发展进步的实体性动力应是自由精神，世界历史的经纬线是自由精神和人类饱满的热情。② 因此作为人类行动最有势力的源泉乃是一种个别兴趣与自我欲望的满足。其认为在善与恶的对立中两者本不可分，但是恶成为了历史向理性发展进程中之杠杆，这主要是源于，倘若人类不存在满足自我兴趣与欲望的极大热情，那么就不会在世界上存在伟

---

① Walsh, W. H. Philosophy of History. An Introduction Harper Torchlook. 1960. p. 125, 转引自李泽厚《批判哲学的批判》，人民出版社 1984 年版，第 320—333 页。

② 善在伦理学上乃人类永恒所追求的话题，恶在黑格尔思想中作为一种伦理精神贯穿始终，在黑格尔之前的思想家始终坚持的是善恶对立，即或善或恶，但黑格尔坚持善恶不可分的观点，认为善恶来源于意志，反对纯恶抑或纯善。

大的事业。① 但是尽管其将欲望视为推动历史发展的动力，但欲望仍应受理智的控制。② 恩格斯继承了黑格尔的论断，诚如恩格斯引用了黑格尔的论述："人类总是认为当说出人性本是善时，他们就道出了一种多么伟大的思想，可是殊不知，当他们在说出性本恶时，其实是道出了一种更加伟大得多的思想。"此外其评介到："恶在黑格尔看来乃表现世界历史发展动力之形式，正是源于人类的各种欲望，如权欲、贪欲、情欲等成为推动历史发展的杠杆。"③

由此足见在自然存在的事物本身并不存在善与恶之分别，即非善亦非恶，伴随着人性步入法权阶段，当自然存在与人类的道德产生联系时，于是关于道德选择的矛盾就产生于各种具体的境遇之中，人会产生对立于善的伦理实体，诸如欲望、激情等伦理冲动，由此人性为恶。可见，从伦理学人性恶的角度而言，人类是同时具备感性的肉身与理性的精神，他的一种源自对快乐追求的感性的生理需求，即康德所称的习性，这种习性是与生俱来的人的本能，是潜伏在本体世界之中的人性所固有的，即人类普遍具有的一种天性。在

---

① ［德］黑格尔：《历史哲学》，王造时译，三联书店1956年版，第62页。

② 黑格尔的性恶论与荀子的观点有相似之处，在荀子看来，若任由人类不同欲望无拘无束发展，则有可能冲破道德理性，于是各种矛盾冲突随之产生，即可能产生恶。所以其认为应当在一定的道德秩序内对欲望加以控制，即在礼之规制下达到一种有序和谐，人类至善的道德境界。可见，二人均遵循人性非善非恶—性恶（黑格尔认为自然与人的意志相接；荀子认为是人之多欲）—性善（黑格尔认为是伦理的教化；荀子认为是基于礼的规制）。因为二人主张性恶，因此荀子主张学礼，黑格尔提倡教化，即皆是扬善化恶，对后天的道德教化给予了充分重视。综上，抑恶扬善乃是黑格尔性恶论实质所在。

③ 中共中央马克思恩格斯列宁斯大林著作编译局：《马克思恩格斯选集》（第四卷），人民出版社1972年版，第233页。

世间的任何一个人基于其本性都存在作恶的可能,当人类在发现无主财产时,感性的肉身往往与理性发生悖离,人往往会在本能固有弊病的指引下实施对此财物的占有行为,这是一种人性使然的本能反应。

从伦理学角度,人乃基于感性的本能对无主财产实施占有的行为并意图归为己有,从人性角度,一切皆源于人性本恶,即当发现无主财产时,归为己有更加符合人性的需求。此外,人类之所以占有无主财产,亦是因为其认为被占有之物存在被利用的价值以及为其占有后会积极实现此无主财产之价值,而将无主财产一律归公不仅不利于实现物尽其用,也不利于社会发展。① 在现实层面若将全部无主财产归公,最重要的会无形加重国家负担。本可由拾荒者捡拾之无主财产,若否认其因先占行为引起财产归私之效力,势必会引发两种现象:一种是丧失了利益的驱动而逐渐对无主财产视而不见且任其灭失;另一种是行为人捡拾后进行藏匿亦不使用亦不上交。无论是哪种现象都必然导致无法循环利用大量可回收财产,这是对资源的浪费,也会造成社会财富的减少。无论是从资源的利用角度抑或从效率的角度而言,对无主财产归私予以肯定还是具有积极意义的,承认基于先占可以取得无主财产如被抛弃的垃圾、旧物的所有权,不仅可以避免纷争,同时亦可以充分发挥物的效用。若让人类在面对无主财产时,一律将其捡拾后交公既不现

---

① 否认无主财产归私不利于社会发展主要是因为,无主财产多是因抛弃行为所致,其物品往往形态各异,若确认其归属时一律归公,则无形之中给公权力主体造成极大负担,因为公权力主体不可能设置机构代替拾荒者,倘若国家为便于管理,耗资设置各种机构,不仅耗资甚巨,最关键是得利甚微。可见倘若将无主财产一律归公,暂不论因无人利用造成的浪费,对国家亦是造成不小的财政负担。

实也没有必要，最为关键的是，此种归属的确定方式与人性相违。

综上，尽管人会基于根本恶而对无主财产进行先占，但诚如康德所言，人类还具有向善的可能性。有鉴于此，不能任由人类不同欲望无拘无束的发展，不论是荀子提出的"在一定的道德秩序内对欲望加以控制以达到一种有序和谐，人类至善的道德境界"抑或是黑格尔提倡的"教化即是扬善化恶"，皆给人类以启示，即在充分重视后天的道德教化的背景下，通过规则的制定分情形确定无主财产之归属，这正是人类不断地克服兽性向神性趋近的体现。

二　无主财产归属与循环经济理念

从循环经济理念角度分析无主财产归属，无论是从所有权的起源理论，即当人类不断地意识到自然界中的人类共享的上帝原初安排的这些自然物品并非是无穷无尽时；当人类意识到洛克所假设的自然资源是十分充裕并能够满足人类无限需求的理想状态是不存在时；当人类无限的贪欲与资源稀缺性有限性的矛盾日益尖锐时，如何对有限的资源进行合理利用的问题便逐渐浮出水面。

无论是17世纪的托马斯·霍布斯认为的资源极度匮乏，即自然界为人类所提供的自然资源是极度匮乏的，人为满足生存需要必定会发生争夺食物的战争，所以理性使人类以契约方式建立一个政治社会；抑或是18世纪的大卫·休谟认为自然资源是处在一种相对匮乏的状态，鉴于自然资源的稀缺有限不能满足人类的贪欲，人类势必会对匮乏的资源进行占有从而满足自己的需求。我们都可以得出存在于自然界的自然资源并非是取之不尽用之不竭，因此运用循环经济理念①来解释无主财产归属问题尤为重要,主要分解为以下三个方面。

第一,就循环经济理念本质而言,其是一种生态经济理念,以对资源的高效循环利用为目的,而对自然资源进行利用的前提是应先确定其归属。换言之,即谁享有对哪些资源加以利用的权利,本身就无主财产的存在而言,其着实为一个制度现实。众所周知财产法的制度宗旨有三个,即财产的归属、利用和保护。在财产法的宗旨中,归属无疑是后续利用与保护的前提和基础,因而确定财产的归属就成了财产法所要追求的首要制度目标。归属问题,又无非包括有主与无主两个方面,因而在制度设计上,立法不仅仅应规定有主财产的利用与保护,同时对于无主财产的研究亦不能荒废,即应对无主财产的归属与处置加以设计,由此可见,结合循环经济理念来确定无主财产归属具有研究价值。况且在自然界中存在很多无主财产,不仅涉及在自始无主财产上如何划分"你的"与"我的",如按照物权法的反面解释,凡是法律未规定属于国家所有的动植物

---

① 循环经济思想萌芽于工业革命以来伴随着人类开发自然的能力不断增强,由此而出现尖锐的环境问题的背景之下,其思想的早期代表是美国经济学家波尔丁所提出在对环境生态问题产生根源进行思考时应在经济过程的背景下。但在20世纪70年代由于人类采纳的是环保末端治理方式,即更多关注的是如何治理产生的污染物问题使得此理念并没有得到充分重视。尽管从80年代开始伴随着人类开始意识到在对废弃物进行处理时应采用资源化方式,但对从源头层面防治废弃物的产生仍欠缺洞见与措施。环保末端治理方式在20世纪90年代伴随着可持续发展的提出才逐步被源头防范所取代,在西方工业国家,循环经济理论逐步成熟、日趋完善,循环经济的理念最初进入中国是于90年代后期被环保倡议者引进的。工业生态学是循环经济理念的理论基础,即在追求高效经济的同时亦注重生态和谐,将"资源—产品—污染排放"的传统经济模式重组转变为以高效循环利用资源为目的即"利用资源—产品—资源再生",旨在强调在经济发展的同时亦应注重生态环境的保护,从而使自然生态的保护与经济发展达到和谐共生的双赢局面。

资源就不属于国家所有也不属于集体所有，此类自然的、自始的无主财产在量上显然并非少数。换言之，上述动植物资源不属于公有，既然不属于公有，那就意味着可以私有，而私有主体是多数主体，因而这里就存在一个财产归属的界定问题，在未作出明确的界定之前，这样的野生动植物即处于法律上的无主状态。需要确定归属的无主财产除上述外，还包括凡是所有人不明的或经法定程序而无人认领的遗失物、埋藏物、隐藏物、漂流物、无人继承的遗产等嗣后无主财产。在资源稀缺有限[①]的前提下更应注重对资源的合理利用与保护。这是因为倘若自然界真能为人类提供的源源不断的自然资源，若真存在洛克在《政府论》中所言的在很长的一个时期内，自然界所提供的天然物资丰富，即任何人实施开垦土地并占为己有的行为都不会损及其他人的利益，是因为资源取之不尽用之不竭，剩下的尚未被占有的土地比人类所能利用的还多，那么即便人类心存自私，但由于无争夺之必要，因此纠纷与争执仍会很少发生。但是这只是理想状态，现实生活中资源不仅有限且伴随着人类不合理的利用甚至出现枯竭。只有对现实中存在的无主财产确定明确的归属，使得每一个人皆能在各自所有的范畴内对资源进行利用，互不干涉影响，从而使每个人对自己所有的资

---

① 对于资源稀缺冲突的解决按照弗里德曼的观点有交易、爱与暴力三种方法。依靠爱来解决冲突不仅适用的范围比较有限，而且往往还存在被爱者不愿、不能、不敢接受的情形，这主要是被情人、家属、慈善家所使用；而暴力具有性质野蛮、稳定性差、作用范围亦有限等特征导致其在文明社会成为最不提倡甚至不被允许的一种解决冲突的方式，在动物世界暴力实属常见，其也曾经以武力战争方式存在于人类社会，如今亦只有小偷、强盗或幼童会采取这种方式。交易是唯一一个稳定而无害的方式，但是其存在一个前提即是个体需有经济自由与财产权才能成为交易者，由此可见，享有财产是交易的前提，换言之，确定财产归属是对资源利用的前提。

源利用达到一种和谐状态。

第二，就循环经济理念的原则而言，其所遵循的是对资源的再次合理利用与循环，即在对当今自然界提供的原本有限资源①进行利用时，注重再循环，倘若不对无主财产的归属加以确定就是一种对资源的荒废与闲置，有悖于此理念所追求的原则。无论是对圈地运动从历史角度探究其产生的真正原因，抑或是对欧洲国家从封建社会演变为资本主义社会原因之研究，均体现了在资源稀缺的情况下，人类的本能是对财富追求以及对于私人占有财产进行保护。而通过对自然生态系统进化过程的分析，又可知在生命的初期，自然界中仅存在为数不多的有机生物，其行为在影响自然资源方面是可以忽略不计的，但伴随着生物的进化，日益增加的有机生物使得资源逐渐呈现出稀缺的状态。所以若想从日益减少资源与增加废弃物的局面转变

---

① 就中国目前自然资源实际情况而言，总体特点是资源总量丰富，中国对自然资源占有率是，森林占世界的4%，耕地占世界的9%，2.8万亿立方米的淡水资源占世界的6%，天然气0.7%，石油1.8%，铜矿不足5%，铁矿石不足9%，铝土矿不足2%。总体而言即中国拥有位居世界第三的陆地以及已经探明的矿产资源，位居世界第四的淡水资源，位居世界第六的森林面积等。况且不仅总量丰富而且种类繁多，如已探明160多种矿产种类。但是中国最大的劣势是因人口众多导致的人均占有量的不足，根据相关数据显示中国人均占有的自然资源量占世界平均水平的比例是，人均对水的占有量仅及世界平均水平的25%，对油的占有量仅及世界人均水平的11%，人均对天然气占有仅及4%，人均对煤的占有仅及55%，林木的占有量亦仅及平均水平的20%，耕地面积仅及平均水平的1/3，而土地的占有量甚至不足平均水平的1/3，可见人均对于大部分矿产资源的占有量尚且不足世界平均水平一半。由此可见，尽管中国拥有位居世界前列的自然资源，但因同时养活占世界19%的人口再加上长期采用粗放型的经济增长模式，使得原本就在资源人均占有不足的背景下亦因利用保护不当造成了对资源的毁坏和浪费，如可再生资源衰弱明显，非再生资源逐渐减少。有鉴于此，运用循环经济的理念，在提高人类的环保意识的前提下适度开发资源，使经济增长模式从资源—产品—排放转变为资源利用—产品—资源再生，实现经济系统与生态环境之间的物质平衡显得尤为重要。

成一种稳定的可持续发展的状态，那么就应以对无主财产确定归属并由所有者对其进行积极的循环利用，防止造成有限资源荒废的情形为基点进行研究。此外，从罗马法以及法德乃至日本、瑞士以及中国，其民法的演化史亦是表明为了防止一种无序竞争与蛮力掠夺，实现人类对于自然界提供原本有限资源的有效循环利用，在法律上认同他人无论是对自始无主财产抑或是嗣后无主财产的现实占有关系或者是占有的事实，即确定无主财产的归属是尤为重要的。积极确定无主财产的归属，对占有加以肯定并保护占有人的权利主要是源自一种经济学的假设，即在自然资源稀缺有限的背景之下，当权利人实施了抛弃行为继而放弃权利的行使时，为保证对社会有限资源的循环有效利用，防止资源的荒废闲置所造成不利于社会发展进化的恶果。因此对于无论是自始无主抑或是以被他人抛弃为典型代表的嗣后无主财产均应确定归属，既然原权利人放弃权利之行使，就应对他人对无主财产进行占有的事实予以肯定，并赋予源自于社会习惯的占有规定[1]以法律层面的确认。通过对占有人利益的保护进而实现一种社会资源的利用，使得资源能够在一种循环的系统中得到充分利用，继而实现经济的发展、资源的利用与环境间的平衡。

　　第三，鉴于循环经济理念秉承着一种运用生态学的规律以及生态经济原理来对人类经济活动进行指导的理念，实现环境与经济系统间的物质平衡。它要求人类在进行经济活动时，应当对自然界生态系统所具有的承载能力进行充分考虑，正如

---

[1] 保护占有人之占有的权利，换言之，就是对现实占有人的占有事实进行来自法律的确认，在民法中存在的先占取得、时效取得等在某种层面而言皆是对占有人现实权利的一种保护。

《文子·上仁》中所言,先王之法,不涸泽而渔,不焚林而猎。古人已经告诫后人不能采取将池水抽干的方式进行捕鱼,亦不能采取将林地烧毁的方式进行打猎,即人类不应只贪图眼前利益而不作长远打算。所以从资源再生的角度而言,如果不对先占人取得无主财产的权利加以限制,则会出现行为人不惜以环境恶化、资源枯竭为代价任意占取自然资源的后果,这是与循环经济理念背道而驰,因此在确定无主财产归属时还要结合野生动物保护法、野生植物保护法、渔业资源法等相关规定。

综上所述,从循环经济的理念所追求的经济与生态系统和谐共生的角度而言,对资源利用的前提即是确定归属,无主财产亦不例外,若将无主财产按现行法规定一律归公,虽然其优势在于避免了人类为先占无主财产意图取得所有权发生的争斗,不失为一种对于社会秩序维护的方法。但由于现实生活中无主财产种类繁多、形式各样等问题,如中国先后经历了汶川和玉树两次大地震,这样的天灾地变导致大量的人员伤亡,从而必然导致大量的形态各异的无主财产出现。若一律归公,国家不仅要增设庞杂的机构对无主财产进行管理,无形之中增加了国家的负担且不言,而且此种一律归公的模式亦不利于对无主财产的积极利用,国家相关的机构往往不能如先占人一样积极对此财产进行利用,充分发挥其经济价值。按中国现行规定一律归公可能会造成大量无主财产被搁置,实属一种对资源的浪费,其不符合循环利用理念的同时亦不利于社会的发展。但若将无主财产一律归私,即对先占行为予以充分肯定,则亦会出现不利于环境保护的局面,如以在自然生态系统中的狩猎为例,倘若允许丝毫不受限制的自由狩猎,那么每一个人基于人性自私利己性都会希望通过狩猎行为先占更多的资源而忽视生态系统的承载能力,就会导致生态系统被破坏,资源枯竭的恶果。这亦是对循环经济理念所追求的经济活动与生态和谐共处局面的破坏。有鉴于此,对于无主财产的归属不应一概而论,应当结合具体情况作出不同的解析。

三 无主财产归属与理性精神

从理性精神角度分析无主财产归属,作为一个重要的西方法哲学观念的自然法其经历了从古希腊罗马、中世纪基督教神学、近代以及现代的发展过程,现如今综观这几千年的发展历程,在不同时代仁人智者在阐述自然法观念时,理性精神始终伴其左右,无论是从古希腊罗马时期的自然理性到中世纪基督教神学的上帝理性,乃至古典自然法的人的理性,理性与自然法总是密不可分。由此可知理性为自然法观念之发展提供了源源不断的动力,实乃自然法之基石,所以下面将以自然法观念的演变发展史为切入点,继而对无主财产归属进行阐析。

在古希腊自然理性与自然法在很多自然法学者的观念中被视为名异实同,理性的精神与自然法在发展过程中一直不可分离,这主要是与作为西方文明发源地的古希腊初期自然哲学有关。在城邦时代之前经历黑暗时代的希腊,是部落的生活使得人类逐渐萌生了以神话作为外在载体的自然法观念之萌芽。无论是据传由古希腊盲诗人荷马所创作的《荷马史诗》[①] 抑或是古希腊诗人赫西俄德创作的《神谱》,[②] 不仅是人类以神话的方

---

① 据传《荷马史诗》是由古希腊时期的盲诗人荷马创作的《奥德赛》和《伊利亚特》这两部长篇史诗的统称,其最初很可能主要源于口头文学、古代传说并以乐师背诵的方式加以流传,史诗借讲述代表正义的狄凯和代表惯例的忒弥斯之间的关系来反映正义与习惯的主从地位。

② 《神谱》:是古希腊诗人赫西俄德所著的描述诸神诞生并统治世界的历史,狄凯在《神谱》中所代表的正义不仅是人神需要共同遵守的自然之法,亦是制定人间法的依据。

式对人神需要共同遵守的自然普遍之法"正义"与人类需要遵守的人间之法"惯例"之间关系进行描述的同时亦是对自然法观念的模糊表述。伴随着希腊城邦的形成，涌现出的古希腊初期自然哲学家如泰勒斯等开始立足现象世界来探寻统治万物者，并在探寻本原时逐步从神话的束缚中走出来，运用理性的思维方式来研究万物的本原即万物统治者。诚如，作为米利都学派代表人同时为泰勒斯学生的阿那克西曼德主张："万物皆有原因，是命运使之发生变化，即由之而生且于消灭之后又复归于其。"① 赫拉克利特使自然法观念首次出现在西方思想史上，认为自然界的法则是人间秩序的渊源，既非由神亦非由人所创造，人是自然界的组成部分，自然界法则亦应成为指导人类行为的法则，即存在于自然界中的人类理应遵守自然法则。"不论宇宙的过去、现在甚至将来是一团按照一定分寸燃烧并按一定分寸熄灭的永恒活火。"② 这唯一神圣的自然界法则凝结为自然理性，即赫拉克利特所言作为自然界最高法则的逻各斯。此时期哲学家给予启示，既然人类存在于自然界之中并作为其中一部分，那么自然界秩序法则即逻各斯应成为指导人类行为的范本，因此人类在自然界活动时理应遵照自然界的最高法则即逻各斯的规定，对于存在于自然界中的无主财产应归公。

后来希腊城邦的衰落使人们将注意力从政治转为个人生活，伴随着伦理学逐渐受到重视，斯多噶学派应运而生并继续对自然理性进行论证，作为创始人的芝诺认为既然理性组成了宇宙并支配着包括人在内的整个宇宙，宇宙灵魂的圣火被人类

---

① [英]伯特兰·罗素:《西方哲学史》（上卷），何兆武、李约瑟译，商务印书馆1963年版，第52页。
② 苗力田:《古希腊哲学》，中国人民大学出版社1989年版，第37、38页。

灵魂分享，人的理性或本性是宇宙理性或本性在人身上的具体体现，理性法即是自然法。既然宇宙是由理性构成，那么身为宇宙一部分的人类究其本质而言应为一种服从理性命令的理性动物，按照自然法规则平等协调的生活，全人类在神圣理性的指导之下共同和谐生活是此学派的最终理想。自然理性对人类行为具有普遍指导性的同时亦注重强调人类之间的平等尊重，人类在对自然界为其提供的财物进行利用的同时亦应对他人予以充分尊重，作为在理性精神支配下的理性的人类在发现无主财产时，亦应在理性原则的指导下不能独占己有，对于无主财产应当交归城邦处置，这样方能实现人类之间的平等、和谐、稳定的生活。

自然法思想在古罗马初期基本没有创新成分，主要体现为一种对智者学派及斯多噶学派关于自然法观念的阐析。后来受斯多噶学派启迪的马库斯·图留斯·西塞罗也表现了对自然理性的倾向，诚如其在《论共和国》中主张："真正的法律是与自然吻合的一种正确的理性，稳定恒久地适用于全人类，不会出现这种情况，即在雅典是一种法而是在罗马是另外一种法，也不会出现现在与将来的法不一样的情形，而应是一种适用于不同时代、所有民族的永恒不变的法。"① 可见西塞罗主张神的旨意乃是自然法之来源，理性人类在无须权威或解释的前提下是能够认识具有自然理性特质的且普遍、恒久、稳定地适用于人类社会不同时代的自然法，此种自然法并非是为某种功利目的服务而是一种以自身为目的的本体性自然法，西塞罗将自然法的发展推向高峰。在罗马帝国时期法学家以现实生活为基

----

① ［古罗马］马库斯·图留斯·西塞罗：《论共和国论法律》，王焕生译，中国政法大学出版社1997年版，第120页。

点将理性主义从抽象纳入实践,从而实现了自然法从哲学向法学的转变。如《法学阶梯》中所提到的"体现自然理性的国际法则是由自然理性指定给全人类的法律,所有国家都采用它"①。由此可见作为一个法哲学概念的自然法观念在其产生发展过程中与理性相辅相成,理性精神贯穿始终。后来在基督教盛行的中世纪,自然法因被披上神学外衣并成为上帝的代名词,②即世界的本原是由上帝构成的,自然理性被神的理性所取代,自然法并非源自自然理性而是上帝理性。诚如,作为基督教神学最大权威的哲学家及神学家托马斯·阿奎纳所言,上帝的理性有着永恒不变的概念且其并非是通过时间层面来进行认识,这也即是此种法律被称为永恒的原因所在。③

理性伴随中世纪消亡逐渐脱离神学的桎梏,自然法的源泉被认为从人的理性之中可以推导出来。④首位将自然法与人性

---

① [古罗马]查士丁尼:《法学阶梯》,张企泰译,商务印书馆1989年版,第18页。
② 美国法理学家埃德加·博登海默在《法理学——法哲学及其方法》中提到全部的基督教的教徒在中世纪皆用早期的基督教作家的教义以及《新约全书》中的观念来审视人类世界,法哲学也同其他的思想分支以及学科一样受到来自教会以及教会教义的支配。([美]E.博登海默著:《法理学——法哲学及其方法》,邓正来等译,华夏出版社1987年版,第22页。)
③ 参见Thamos Aquinas. Summa Theologica. Ⅰ-Ⅱ. Washington D. C: Regnery Pub. 1996. p. 91.
④ 自然法之源泉从神的理性向人的理性转变,使得自然法摆脱中世纪神学的桎梏后变得世俗化,近代自然法学家不仅仅是继承了古希腊罗马时期以及中世纪神学自然法观念之中理性精神,而且还对其进行了改造。主要体现为,理性之来源是与人相伴,而不再是像古代及中世纪那样立足宇宙或上帝的启示,而且理性从内容层面而言是基于人类的自然本性所要求的一种对人类自然欲望、需求、情感予以认可并进行满足的自然权利,而不再是一种源自外界的秩序抑或异己力量强加于人类的自然义务以及对于人类欲望、激情的排斥,近代的自然法理论进行这样的改造已经成为对人权的确立和捍卫的理论。(申建林:《自然法理论的演进》,社会科学出版社2005年版,第94页。)

相结合的近代思想家是荷兰的胡果·格老秀斯,尽管其未对上帝与自然法的关系进行彻底否定,但主张是人的理性而并非是强制或权威铸就了自然法的效力。① 法律之所以会产生关键在于个人对社会秩序维持的渴望,财产权是格老秀斯自然法体系之核心所在,他主张不应该对不属于自己的财产进行占有,对于那些可能为我们所占有但却不属于自身的东西,连同可能从中获得的利益一并应当归还给他人。与此同时,对于因过错造成损失予以补偿并根据罪过大小受到相应惩罚。② 格老秀斯的观点被普芬道夫所继承,其认为对人类行为进行是非判断的正确理性命令即是自然法,人类自身的理性是具有在通过分析自身条件的基础上清晰理解法的箴言并按照法的规定去生活的能力。③ 按照古典自然法理论,一种理性的秩序应当存在于人类的自然本性之中,同时为人类提供了一种不因人的意志而转移的用以评价法律和政治结构的客观的价值立场。存在于自然法上的权利可以理解为源自人、社会、物的本性之中演绎出来的一些法则,既然自然创造了人类,那么人类的权利应当源于自然,由此可见近代自然法学派关于权利的观念最初往往带有"天赋"权利的烙印。从自然法的发展脉络可以得出无论是古

---

① 作为近代西方启蒙思想家并被尊称为"自然法之父"的胡果·格老秀斯主张自然法来源于自然与人的理性,是人类遵照自然的定律并在理性支配下为自身行为提供指导。人的理性是自然法效力的源泉,即便是上帝亦不例外,也应遵从自然法,原因在于尽管上帝的权力无限,但即便有无限权力对于一些事情仍是无能为力,如上帝不能不分黑白颠倒是非,将本质是恶却说成善,不能让三乘三不等于九等。(西方法律思想史编写组:《西方法律思想史资料选编》,北京大学出版社1983年版,第143页。)

② 参见[美]乔治·萨拜因《政治学说史》(下卷),刘山等译,商务印书馆1986年版,第480页。

③ Craig L. Carr. The Political Writings of Samuel Pufendorf. Oxford University Press. 1994. p.150.

希腊罗马时期的自然理性到中世纪神学的神的理性乃至在18世纪达到鼎盛的古典自然法所宣扬人的理性,足见理性精神贯穿自然法始终。①

第一,通过对古希腊罗马时期的自然理性进行分析,自然理性适用于所有生活在自然界中的人类并为其提供最高的行为准则,其强调人与人之间应当互相尊重、平等和谐的生活,将此理性精神适用于财产方面,即人类在利用保护属于自己财物的同时对不属于自己的财物予以尊重和保护。详言之,我们就自然理性而言,在自然界进行生存的权利乃是自人类出生之时便已享有,并基于此其可以享受使用为满足自身生存所需的一切由自然界所提供的饮品及食物,即如大卫王所言,上帝既然将大地留给了世人,是给全人类所共有。足见自然物质世界中自然万物本属于无主物,是上帝无差别地恩赐给每一个人,由整个人类对其共同享有,并非特别属于某个人。自然界中的人

---

① 自然法伴随着理性主义者休谟、亚当·斯密等人的批判而逐渐出现衰落的局面,古典自然法学于19世纪因其完成消除迷信、对不合理的制度进行推翻等历史使命以及因为自身逻辑上存在含糊的难题而使得自然法开始衰落。古典自然法的影响力逐渐被19世纪兴起法律实证主义所取代。不论是边沁试图在严格区分法律是什么与应当是什么的基础上,主张自然法原则因归属道德范畴而将其排除在法律之外,抑或是立足于在20世纪初社会现状的凯恩斯指出对于是什么与应当是什么的区分是法学的哲学基础之一。足可见此时的人类在战争、贫富差距等影响之下道德观念亦开始产生变化,分析实证主义的盛行对古典自然法观念与理性主义产生了严重的冲击。但在第二次世界大战时,鉴于西方法律以及政治方面存在的弊端,法官需要以自然法原则为指导来弥补实在法的不足,此外还基于法学科学发展之需求,共同唤起自然法的复兴。在第二次世界大战后,法西斯主义严重践踏人权观念,人们在联系分析实证主义与法西斯暴行之后逐渐将注意力移向尊重人权的自然法学。在20世纪60年代后学者们伴随着一系列对民主权利进行争取的运动继而对法律制度价值进行了重新的思考与定位。理性主义伴随着自然法的复兴亦开始回归。足见在自然法观念的发展进程中,理性精神始终伴其左右,二者密不可分。

类共享上帝对这些自然物品的原初安排，在此时并不存在我、你之分，人类如同动物一样是基于本能进行获取使用这些自然物品。但是一旦自然物品确定归属以后，人类在理性精神的支配下对他人的财物应予以尊重和保护，只有这样才能换取他人对自己财物的尊重与保护，从而避免因争夺资源而发生的纷争。如洛克所言："自然法即是一种以人性为基础的正确的理性命令，理性即是自然法，指导意图遵从理性的人类，既然人与人之间皆是平等独立，那么任何人就不应该实施对他人生命健康、财产、自由进行侵害的行为。"[1] 因此人类作为一种理性动物在发现无主财产时，应当在理性的指导下服从理性命令对财产进行归公处理，公在不同时代可以指氏族部落、城邦、帝国以及国家等，从而实现在神圣理性的指导之下人与人之间共同和谐的生活，从而避免为争夺无主财产而引发的纷争。

第二，从本能与理性关系层面而言，16世纪意大利政治思想家尼可罗·马基雅维利认为鉴于人类本性的自私利己性，利己主义为政治家所依赖的有效动机，将政治与人性之间的连接点理解为，在认定个人软弱无能的基础之上政府方得以建立，换言之，政治家意图获得权力而人民意图获得来自权威的保障。[2] 由此可见，人类理性秩序之起源究其本质即是人类自私的本性以及一种寄希望于强权保护其个人利益的欲求。18世纪法国启蒙思想家爱尔维修在《论人》中提到："支配人类行动之唯一准则是源自肉体的痛苦与欢乐，并且将其认为是人

---

[1] ［英］洛克：《政府论》（下册），叶启芳、瞿菊农译，商务印书馆1996年版，第6页。

[2] 参见 ［美］乔治·萨拜因《政治学说史》（下卷），刘山等译，商务印书馆1986年版，第397页。

类全部统治唯一真正的枢纽所在。"① 鉴于人类本身具有自私性但又存在自身软弱无能的弊端，其基于自私本性为更好地保护自身权益就产生了一种对强势权力的渴望，这就是秩序起源的真正原因。正如英国著名哲学家霍布斯在对人性进行透彻分析后得出，人性之欲望使得人类为实现获取他人财物之目的而引发无休止的竞争与战争，此时需要一种由理性产生的调节力进行调节。自私乃是人之本性且社会正是由自私的人类所构成，人类都希望能够在和平的秩序和条件下对私人利益进行追求，但个人基于自身软弱无能的特性势必会担心社会中其他与其同样自私的人亦会在利己心理的作用下实施对其权利侵害之行为，所以人类就会寄希望于政府与法律，这也是政治家的资本与一种原始的推动力。在洛克看来，单个无助的个人为更好地维护自身权利于是建立了政府与社会，而其权威的限度则正是由个体权利之不得取消性构成的。② 从人性角度对人类社会进行分析，即如达尔文所言的人类同时具有利己与利他两种本能，因其调和产生的复杂制度使得个人为谋求生存需要服从于集体的共同利益。

西方哲学家在对道德与法律产生的必要性进行探究后得出，人类利己的本能被宗教所克制并使人类在实施行为时，能够在本能的自私利己性与理性之间做出正确的判断，通过选择理性从而更好地维护自身利益需求即是对本能欲望的维护。人性是由以利益作为动因的欲望与情感构成的，那么从人性角度而言人类行为既然是为满足情感与欲望，那么本性即是自私。

---

① 北京大学哲学系外国哲学史教研室：《西方哲学原著选读》（下），商务印书馆1982年版，第179—182页。
② 参见［美］乔治·萨拜因《政治学说史》（下卷），刘山等译，商务印书馆1986年版，第589—593页。

因此当人类发现无主财产时基于本能的欲求,恰如康德所言,人类不仅仅欠缺积极的善,还存在倾向于恶的动机,其会产生意图通过自身行为,将这种财产占为己有欲求外在化的想法,但是自私的人类在实施此行为时亦会担心在将来出现其他与其同样自私的人类也会实施侵害其权利的行为,就如此时他侵害别人的权利一样。因此,尽管形成所有权的根源是人类本能的诉求,但在其意欲基于本能占有不属于自己的财物,其更渴望一种社会秩序的维护,如格劳秀斯所给予的启示那样,不应该对不属于自己的财产进行占有,对于那些可能为我们所占有但却不属于自身东西连同可能从中获得利益一并归还给他人。人类在面对无主财产时,在本能与理性之间做出倾向于理性的正确判断,对不同财产确定不同的归属,因为只有通过倾向于选择理性才能更好地维护自身利益,换言之,这亦是对自身利益的最佳维护。

四　无主财产归属与政治国家和市民社会分立关系

从政治国家和市民社会冲突的角度来分析无主财产的归属,无主财产是一个古老的民法概念和制度主题,是指不属于任何人所有之财产。这正如在人类产生之初,上帝将天堂留给了自己,将自然界的土地及其上一切物品留给了人类,在那时并不存在"我所有"与"你所有"之分别,一切自然界提供的财物皆是无主财产并供整个人类所共享。对于本属于人类共享的财产如何确定归属,即他人将财产据为己有理由何在,无主财产是归公还是归私,其归属的确定又是如何反射政治国家和市民社会的分立,本节将展开论述。在西方17世纪最具有影响力的两种学说会给我们带来一定的启示,笔者将以对学说的研究为基点,来分析无主财产归属与政治国家和市民社会分立的关系。

从政治国家与市民社会之间的关系来对近代西方的财产权理论进行研究，通过对最具代表性的洛克的劳动占有理论[①]与普芬道夫的财产同意说[②]进行分析可知其皆在一定层面上折射出了共同体与个体之间的紧张与分立。尽管上述学说的理论基础是立足于个体，可能丧失了共同体价值的研习，但其仍在一定层面上影射出政治国家与市民社会之间的冲突。诚如普芬道夫在其财产同意说所影射出来的，在人类发展进化的过程中，当自然界为人类所提供的物品不能满足每一个人最基本的生存需求时，上帝提供的自然物不再是无穷无尽，由于资源的稀缺和有限从而导致处在饥饿或寒冷等条件下的人类会基于本能的需求肆意对物品进行索取，个体与共同体的冲突不断浮出水面。按照普芬道夫的观点，无主财产归私的前提是得到他人的许可。洛克与普芬道夫有所不同，他致力于论证本属于全人类共有的自然物品，是如何以生存权为基础继而确立人对此物品的财产权的，况且此财产权之确立不必经过契约。由于其假定自然界为人类提供的资源是无穷尽并认为只要有人愿意施加劳

[①] 洛克的劳动占有理论的全部内涵即上帝将天堂留给了自己，而赐给全人类土地上的一切，并为人类所共有。每个人基于生存的需求对他自己的人身都拥有所有权；每个人的劳动和工作都应属于他自己，当人们将他自己的劳动与处在共同状态下的某个东西混合在一起的时候，他即取得了该东西的所有权。暂不论洛克所言的人对自身拥有所有权是否正确，至少从劳动占有理论中渗透出一种对财产所有的观念。

[②] 普芬道夫的财产同意说认为，自然界为人类所提供的一切物品是无差别地分给全人类共享，人类亦是基于生存本能的需求对自然物品进行取用，此时并没有我的与你的之分别。但是鉴于资源的稀缺和有限性，人类会在处于恶劣的条件下任意索取自然提供的物品。所以该学说认为，在对我的与你的进行区分之前，对于财产权的确立应当是以订立契约的方式进行，并基于对秩序、和平等价值的考量并结合自身条件来安排自然界所提供的物品。

动,就应该赋予其财产权。鉴于其理论因立足于个体,就造成对自然资源有限性与财产权需要得到他人认可之忽略,继而因个性的过分张扬而弱化了共同体与个体之间的矛盾,按其观点对于无主财产只要有人愿意施加劳动就应当归私。

卢梭批判了洛克的财产占有说并对普芬道夫的同意说进行了深化,他认为:"任何人既然对于同类都不存在所谓的天赋的权威,人间一切合法的权威基础应当是约定,基于任何的强力并不能产生权利,每个结合者应向共同体转让自身及一切权利。"① 由此可见,按照其观点,其否认对于自然界中存在的无主财产进行先占,② 并认为即便实施先占行为,也不能享有合法财产权,其在于强调共同体价值之重要性。黑格尔批判继承了卢梭的契约财产理论,并从政治国家与市民社会的关系来对财产权进行分析,其认为在市民社会中的财产权,由于在抽象人格领域中如目的、需求、才能等并没有与自由同一化,所以占有什么与多少不可避免地存在任意偶然性。鉴于市民社会的个人会按照一己私利任意行事,则共同体的价值在市民的争斗中则无法获得实现。此时需要政治国家来制约市民社会为追逐一己私利而产生的破坏力。③ 尽管黑格尔强调了政治国家这个共同体价值之优先性,但并没有为共同体与个体之冲突提供出路。

马克思在延续黑格尔关于财产私有反思的基础上,以生产劳动关系为切入点,认为个体首先是作为共同体之一员,其所

---

① [法]卢梭:《社会契约论》,何兆武译,红旗出版社1997年版,第21页。
② 正如卢梭所言,如果自然资源并非无限,而在有限状态,无论是谁都不可能轻易地相信实施先占行为的人对物说,是我的。如果谁相信先占者的话或是同意其观点,在卢梭看来这是一种头脑非常简单之相信。
③ 正如黑格尔所言,市民社会既是实现个人利益的战场,同时又是能够让个人的自私倾向向国家精神进行转变的舞台。([德]黑格尔:《法哲学原理》,范扬、张企泰译,商务印书馆1996年版,第309页。)

有权是通过与其他成员之间的关系得以间接表现，其认为社会私利不断冲突的原因是资本家将生产资料私有化并以此作为一种支配力量，所以基于强调共同体价值优先之生产资料公有制，成员必须通过劳动获得消费资料是解决个体与共同体之间冲突的方式，正是由于生产资料公有使得个体的地位上升为共同体中的成员并享有平等政治权利，并对成员通过劳动取得消费资料给予充分尊重。综上所述，基于马克思对政治国家这个共同体与市民社会个体之间矛盾寻找解决冲突途径之启示，笔者认为通过对上述学说之分析，对于无主财产归公抑或归私体现了政治国家与市民社会之间的利益冲突，在共同体与个体利益发生冲突时分情况确定孰优先，对无主财产归公抑或私不能片面化、一概而论，易言之，分情形确定无主财产之归属即在国家与个人利益之间寻求一个平衡亦是本节研究的关键所在。

综上所述，确定无主财产归属的应有规则，其意义在于以下两个方面。首先，确定无主财产归属的应有规则有利于充分实现物尽其用。先占制度设立的宗旨即是出于对资源稀缺的假设，终极价值是最大限度实现物之效用，而并非表现为对人类恶性的纵容，其是为有效利用有限的资源，以尊重先占人的合理理性为前提实现目标价值，否则占有之物的价值势必会被无情的耗散甚至被毁损殆尽。[①] 如中国历来是允许个人进入国家或集体所有的森林、水面等打猎捕鱼、采集果实并取得所有权。同时也默认了拾荒者取得废弃之物的所有权，这主要是因为在现实生活中，存在大量的被抛弃的垃圾、电器等，其对拾

---

① 参见孟勤国、黄莹《中国物权法的理论探索》，武汉大学出版社2004年版，第60页。

荒者而言仍具有利用的价值，肯认拾荒者取得所有权，对资源的充分利用，可持续发展以及建设节能社会都具有积极意义。但无主财产拾得先占行为若按当前立法之规定即是对国家财产之侵占，这是立法与习惯悖离的主要体现，立法肯认无主财产的先占取得将实现规范与事实的衔接。其次，确定无主财产归属的应有规则有助于完善立法体系。纵观世界各国的立法，大部分大陆法系国家的民法典规定了所有权可以通过先占取得，虽立法方式不同，如有的规定在占有中，有的规定在取得时效中，但充分发挥物之效用的立法理念基本是一致的，中国应承袭大陆法系之规定，对先占制度予以肯定有利于立法体系之完善。足见立法在确定归属时将一切无主财产收归国家或集体所有，不仅与传统民法的价值理念不符，①亦导致了成文法与社会习惯之间的严重脱节。确定无主财产归属的应有规则不仅可以完善民法权利体系，更可以实现与国际接轨的需求。

第五节　无主财产归属之应有规则

物质资料之财产是不同社会形态存在的基础，无论是在社会中发生的占有抑或流转关系都与财产存在着密不可分的联系，身为权利对象之财产不仅仅是民事权利的客体，更是社会经济运作之基础。先占取得在中国以社会习惯的方式获得来自国家的默许，但若将所有的无主财产不分类型皆肯认其能够通过先占取得，这并不会得到国家的认同。有鉴于此，对无主财产的范围与类型进行研究有其存在的必要性，并根据类型差异

---

① 在中国历史传统中，不同朝代的先占制度虽有差异，但尊重先占人权利的基本理念是相同的。

确定不同归属。

一 无主动产归先占人

先占作为一种对原始财产最重要的取得方式起源于罗马法，并在罗马时期成为一项公认原则。罗马法中的先占即是以据为己有的意图获取或者是占有不属于任何人所有的物。① 随着成文法时代的到来，近代无主财产先占取得的理论基础源于洛克的"财产权劳动理论"，诺其克承袭了洛克观点，并在《无政府、国家与乌托邦》中认为，判断先占取得无主财产是否正义的标准即在于此先占是否使他人福利有所减等，应在不对他人利益造成任何损害的前提下为人们提供自我完善的机会。但随着社会发展，尽管新中国立法并未规定无主财产先占制度，并不能否认其作为一种确认无主财产归属的重要方式在日常生活存在的普遍性，《物权法》只字未提并不代表其丧失了研究与存在的价值。与此同时，学术界关于无主财产先占制度是否应为中国立法所确认，一直仁者见仁，智者见智。持反对观点的学者主要基于以下三点理由：其一，作为早期游牧民族财产取得方式的先占制度在当今社会已经丧失其重要性，②

---

① 对无主物［res nullius］这种事实上的占据（或占有［possessio］，罗马人即是这样理解这个词）被法律承认为合法占据，鉴于物本身是无主的，因此不会因此侵害任何人。先占是自然法方式的典型代表，查士丁尼曾在"民法总论"中说，自然理性要求最先占有者享有无主物。（［意］彼得罗·彭梵得：《罗马法教科书》，黄风译，中国政法大学出版社2005年版，第151页。）

② 在人类社会进化的初期，基于占有使得自然界中的财物从无人支配到有人支配，之所以得到人类的普遍认可，是因为这是基于生存的自然法则产生的一个自然现象。例如，在某些少数民族居住聚集的地方，占有财物是可以用打标记的方式进行的，无论是对于捕获的野猪野兔等猎物抑或是砍伐的树木等植物，若将一个打好的茅草结放在其上，在表彰此物有主方面起到了公示的效果，其他人按照当地的习惯以及长期形成的默契便不会再据为己有。

暂不论无主财产量少而价菲,① 若予以认可,则违背中国提倡的拾金不昧等道德行为准则。其二,无主财产先占制度的确立不仅是对原权利人权利的一种侵害,也不利于中国竭力扩张国家利益的倾向,中国《物权法》既有关于无主财产归属的规定,即表明其意欲通过立法阻断私人成为无主财产所有者,使国家或集体成为无主财产的当然所有者。其三,有学者认为,所有权不能因先占的事实而产生,即便可以对自然物因先占取得,而对于劳动产品不可能因先占而取得所有权。② 持肯定观点的学者则认为,无主财产先占制度设计的首要价值在于实现物之归属,诚如梅因先生所言,先占的真正基础在于此制度长期存在而发生的一种推定,每一个物件应当有一个所有人。③

笔者认为,第一,不论从自然的角度还是社会的角度来看,嗣后无主财产的量都是有增无减。如近两年内中国先后经历了汶川和玉树两次大地震,这样的天灾地变导致大量的人员

---

① 有学者认为,在特定的法律制度调整之外的无主财产范围是很小的,价值亦是有限的,主要是废弃之物。(魏振瀛:《民法学》,北京大学出版社2000年版,第71页。)

② 王利明:《物权法论》,中国政法大学出版社1997年版,第43页。

③ 在罗马人看来,占有是一种同物的事实关系,一种对物在事实上的控制,其使人能够充分实现对物的处分,同时它要求具备作为主人处分物的实际意图。由此可见占有并不等同于所有权,其所体现仅仅是所有权之一般内容,换言之,占有是所有权的外部形象。([意]彼得罗·彭梵得:《罗马法教科书》,黄风译,中国政法大学出版社2005年版,第205页。)保护占有人之占有的权利,换言之,就是对现实占有人所进行的占有事实进行来自法律的确认,在民法中存在的先占取得、时效取得等在某种层面而言皆是对占有人现实权利的一种保护。占有人凭借的仅仅是占有的事实,既不是基于契约亦不需要支付对价,在满足一定条件时依法获得法律权利。尽管在优士丁尼时期的罗马法就有关于取得时效较为成熟的规定,但是权利的取得时效期间有很大的差异,对于盗赃物而言需要经过30年所有权才能由小偷获得,对于从小偷处购买此盗赃物的第三人而言,其经过3年即可取得此盗赃物所有权。由此可见,严格意义上的盗赃物在罗马法上并不存在。([德]萨维尼:《论立法与法学的当代使命》,许章润译,中国法制出版社2001年版,第48页。)

伤亡,从而必然导致大量的无主财产的出现。再如,中国计划生育政策已厉行了近三十年,由父母二人和一个子女组成的核心家庭在现今及未来可见的社会中已经和必然占据主流,而如果中国现行的继承法不通过修法的方式扩大法定继承人的范围,其实施的结果必将导致无人继承的无主财产越来越多。由上可见,无主财产在"量"上并非少数。无主财产包括无主动产、无主不动产、无主知识产权、无主有价证券等,而这些财产的价值都是可大可小的。传统观点认为无主财产价值不大,更多的是就无主动产而言的。即便单就无主动产而言,事实也并非如此,如果说无主的一只矿泉水瓶价值很小,那么同为动产而无主的一只金戒指就价值不菲。更遑论不论是无主还是有主的不动产、知识产权、有价证券等,根本就不存在因"有主"还是"无主"的价值差别问题。第二,先占作为一种确认无主财产归属方式,其制度设置前提即为针对无主财产,所以并无侵害原权利人之利益。第三,立法将无主财产一概纳入国家或集体范畴既不利于公共利益,也不利于实现物尽其用,而先占制度之确立,有利于实现物尽其用,承认基于先占可以取得无主财产如被抛弃的垃圾、旧物的所有权,不仅可以定纷止争,同时亦可以达到对物回收利用的目的,继而充分发挥物的效用。[1]

有鉴于此,作为所有权制度中重要内容的先占取得不仅在域外民法中有较为详尽的规定,其在社会生活中亦是屡见不鲜。《物权法》未对此予以规定是成文法与习惯的脱节,也是所有权制度的缺陷。无主财产问题在本质上属财产法这一大的研究范畴中的所有权问题。由现行的所有权制度现状决定,中国关于

---

[1] 钱明星:《物权法原理》,北京大学出版社1994年版,第82页。

无主财产的归属在借鉴大多数国家采用二元主义的基础上应有所变通，即尽管仍采纳动产无主财产与不动产无主财产之划分。但在确定二者归属时与大多数国家采用的二元主义有所不同，无主动产采取先占自由主义即归先占人所有，而对于无主不动产归属则做出不同规定。详言之，动产无主财产可通过先占取得而将不动产无主财产归公。此处的公并非二元主义所言的国家先占主义，既不是国家亦非集体经济组织，而是要归属无主财产公益基金会管理下的无主财产公益基金，继而更好地为灾区重建抑或其他公益事业而服务。通过研究现状足见，中国现有的所有权理论更多的是围绕"有主财产"而展开的，这由现有的所有权理论成果可以看出，关于无主财产的研究仅是一般所有权研究中的一个"附属部分"，并没有将其作为一个专门的题域展开研究。既然"有主财产"和"无主财产"分别构成财产所有的"两半"，那么对二者给予平等的甚至是平行的关注与研究，就是应当的也是必须的。通过上述对无主财产归属立法例的分析，以无主财产本身性质的差异为标准进行区分，即动产无主财产采取先占自由主义归先占人而将不动产无主财产归公。之所以这样划分主要是因为不动产因所有权变动公示方式为登记，其若成为无主财产需要通过注销登记才能实现所有权的抛弃。若亦采取先占自由主义，势必会造成社会大众与登记机构信息的不对称，潜在地为贪污腐败提供了土壤。

（一）先占人的范围

在对先占人的范围进行界定之前，首先应确定先占行为的性质，即通过对先占行为性质的研究来解决先占人能否取得所有权的问题，换言之，何种主体可以通过先占取得所有权。在理论界关于先占的法律性质存在三种不同的学说，第一种是法律行为说认为，既然法律要求成立先占必须要求以所有的意思对无主财产实施占有，而此意思为所有权取得之效果意思。但是法律行为说亦有不足之处，即它将"先占人所有的意思"与"效果意思"进行了混同。第二种是准法律行为说认为，先占属于以所有意思为要素的准法律行为中的非表现行为，立法规定若具备意思表示即可对所有权进行承认。但是准法律行为说的不足之处在于忽略了大量的事实，即没有意思表示而先占的事实。第三种是事实行为说认为，所有的意思并非是效果意思，而仅仅是一种对财产在事实上的完全支配管领意思，行为人基于对无主动产占有的事实而获得法律保护实现所有权取得的效果。[1] 通说认为先占法律性质为事实行为，先占取得无主动产是通过先占的事实实现对所有权的取得，其与取得时效中所有的意思一样，是事实上管领支配意思，虽然要求基于所有的意思占有标的物，但是并未要求将此意思表示于外即非效果意思。先占人主观认识是否存在，是否正确不予考虑，且不要求先占主体具有行为能力，可见，对无主动产实施先占的行为应属于事实行为。

在对先占行为定性后继而确定先占人的范围，笔者认为，对于与社会公共利益无紧密联系的无主动产，一般民事主体可以先占取得，鉴于先占行为的性质是事实行为，所以无论是否具有民事行为能力，如大人或儿童，不论是否被剥夺人身自由或政治权利的人都可以成为先占人，对无主动产均可以先占取得。详言之，按照中国现行《民法通则》、《继承法》、《物权法》、《民事诉讼法》以及相关的司法解释等对所有人不明的、无人认领的、无继承人的无主财产等归属问题做出了相似的规定，即由国家和集体成为无主财产的当然所有者，但如此规定

---

[1] 钱明星：《物权法原理》，北京大学出版社1994年版，第381页。

不仅是对民法公平原则的公然违背亦存在实践中难以实现的弊端，这正是本选题研究的规范基础和解释批判的对象。因此中国未来民法典应从价值观念的角度对动产无主财产先占主体进行设定，继而使得一般民事主体皆享有对动产无主财产进行先占的权利，以便最终平等地占有无主动产。综上，根据无主动产是否与社会公共利益紧密联系而进行细分，立法应赋予一般民事主体先占取得与社会公共利益无紧密联系无主动产的权利；一般民事主体不能先占取得与社会公共利益存在紧密联系的无主动产，但立法对先占人的权利予以充分保障，即尽管其不能取得与社会公共利益有紧密联系无主动产的所有权，国家会以一定的对价对其进行赎买。如此规定在调动一般民事主体积极保护无主动产的同时亦可避免因无人管理无主动产而造成的资源浪费。

（二）先占人先占的对象

无主财产的存在已经从习惯法层面得到了证成，但应以当前制定法中关于财产归属的规定为进路判定先占人先占的对象，易言之，在制定法的框架中运用解释性技术寻找空间。在中国立法尽管没有明定国家取得无主的不动产所有权，鉴于中国实行的是不动产尤其是土地以国家和集体享有所有权为基础，其不承认一般民事主体通过先占取得不动产所有权。笔者认为，先占人先占的对象首先应是动产，而无主动产按照不同的标准又可以进行细分。

首先，对于自始无主的动产与嗣后无主的动产而言，对于自始未设定权利的野生动植物资源，在对《物权法》以及《野生动物保护法》第二、三条进行反面解释得出，凡是属于非珍贵非濒危的陆生、水生野生动物和并非有益的，无重要经济科学研究价值的陆生野生动物就不属于国家或集体所有。既不属于公有，那就代表可以私有，有鉴于私有的主体是多数主体，在未对此财产归属作出明确界定之前，在法律上这样的野生动植物资源即处于一种"无主"状态之下，其可以成为"先占"的对象。确定上述归属实行先占自由主义即谁先基于所有的意思实行占有就承认其取得所有权，世界各国以及中国理论界对于自始无主的动植物资源通常都承认先占取得。以上是从立法层面可以推出自始未设定权利的野生动植物资源可以先占取得。从现实层面而言，在中国，尽管国家和集体享有土地所有权，但生活在国有或集体土地周围的人们生存主要依靠自然资源的供给。诚如有关资料指出："除了法律明令保护的野生动植物外，国家并不禁止，对于那些进入国家或集体所有的森林、荒原、滩涂、水面打猎、捕鱼、砍柴伐薪、采集野生植物、果实、药材并取得猎获物、采集物的所有权的行为人，也默认捡拾抛弃物而取得所有权的情况。足见立法尽管没有明定先占制度，但在现实中通过先占取得无主动产所有权仍然是客观存在着的。"[①] 因此立法应当明文规定赋予生活在国有荒原、森林、滩涂附近的人们在遵守野生动植物、环境资源保护等相关法律规定的前提下先占取得野生动植物所有权的权利。概言之，可以先占取得的自始无主的动产主要是指野生动植物资源。对于嗣后无主的动产除了最为常见的抛弃物外，还包括所有权人不明的埋藏物、隐藏物、漂流物、无人认领的遗失物等。先占自由主义是确定无主动产归属的一般规定，下面将对典型的无主动产归属之确定进行详细阐述。

第一，自始无主的野生动植物、抛弃物、捕获的野生动物

---

① 全国人民代表大会常务委员会法制工作委员会民法室：《物权法立法背景与观点全集》，法律出版社2007年版，第459页。

或驯服的野生动物恢复自然状态后，逃出蜂箱的蜜蜂在其恢复自然状态后归属之确定即按照谁先基于所有的意思实行占有就承认其取得所有权，归先占人所有。对于此条归属之设计主要参见罗马法，在罗马法中，野生动物、①敌人的物品、②海洋中产生的岛屿皆可以归先占人所有。

第二，对于所有权人不明的埋藏物、隐藏物③归属之确定。发现人在自己所有的财产中发现埋藏物、隐藏物，则埋藏物、隐藏物的所有权归发现人自己所有；若发现人在他人所有的财产中发现埋藏物、隐藏物，可以送交公安④等有关部门处

---

① 野生动物（ferae bestiae, volucres, pisces［野兽、鸟、鱼］）在罗马法中野生动物显然是无主的，对此类无主物先占的方式包括狩猎和捕鱼。狩猎者只有在捕到活的或死的动物时才能取得所有权，对于家养的或已经驯服的动物并不是先占的对象，除非其恢复了自然自由属性，才可作为无主物成为先占的对象。

② 敌人的物品（occupatio ballica），在罗马法中战利品归国家所有，但敌人物品倘若偶尔被个人占有则归个人所有。

③ 与域外立法不同，中国将埋藏物与隐藏物并列列入《物权法》中，而域外立法只规定了埋藏物。鉴于两者有着基本相同的含义，立法又将其并列，所以只能从习惯角度将其作细微区分，即将埋藏物认为是隐匿在水土中而将隐藏物解释为隐匿在地上不动产中，在司法实践中可以对二者通用。（苟峰：《村民发现埋藏乌木相关法律问题探讨》，载《中国审判新闻月刊》2012年第78期，第98页。）

④ 发现人在他人所有的财产中发现的埋藏物、隐藏物，其是否属于文物并不影响其定性，只是影响其归属而已。除了可以选择送交公安等有关部门外，还可以向财产所在地的基层法院提出申请并在其申请书中写明财产的数量、种类以及申请认定的依据。基层法院在受理申请后，经审查核实应当发出财产认领公告，公告满一年无人认领的，在期满后三十日内审结作出判决认定财产无主，此无主财产如果具有特殊价值主要是指文物价值，文物保护法等法律另有规定的依照其规定，则发现者不能基于先占取得，其所有权归属国家，但发现人可以获得相应奖金；此无主财产如若不具有特殊价值，则1/2埋藏物、隐藏物的价值归发现人，剩下1/2价值归财产所有权人所有。但原财产所有人或继承人在判决认定财产无主后出现，在民法通则规定的诉讼时效期间内可以对财产提出请求，法院在审查属实后，应当对具有文物价值的埋藏物、隐藏物作出归原财产所有人或继承人的新判决，撤销认定财产无主的判决；对于不具有文物价值的埋藏物、隐藏物作出归原财产所有人或继承人的新判决，撤销认定财产无主的判决。

理，公安等有关部门收到后应发出6个月的招领公告。（1）在招领期限内有权利人前来认领，不论埋藏物隐藏物是否具有文物价值，都应扣除必要保管费用后归权利人所有；（2）在招领期限内无权利人前来认领，埋藏物、隐藏物如果具有特殊价值主要是指文物价值，文物保护法等法律另有规定的依照其规定，则发现者不能基于先占取得，在扣除必要保管费用后由国家取得所有权，但发现人可以获得相应奖金；无人认领的埋藏物、隐藏物如不具有特殊价值，在扣除必要保管费用后由发现人基于先占取得1/2埋藏物、隐藏物的价值，剩下1/2价值归财产所有权人所有。详言之，对于此条归属之设计主要因域外法以及中国古代皆有类似规定且此归属之确定具有合理性。如《法国民法典》于其第716条对埋藏物进行立法解释，即对于隐匿或是埋藏之物件，在无法证明其所有者时并且属于偶然发现之物即为埋藏物，对于其归属之确定规则即是，倘若在自己所有之土地内发现的埋藏物则归发现人，此时发现人与土地所有者乃同一人；倘若在他人所有土地内发现埋藏物，则发现人与土地所有者各取半数。《德国民法典》于其第984条作出与《法国民法典》相似的规定，即发现所有权人不明的埋藏物时，发现人取得一半的所有权而埋藏物被埋藏之物的所有权人取得另一半的所有权。《日本民法典》于其第241条规定，埋藏物按照特别法规定经公告仍所有者不明，所有权由发现者取得，倘若埋藏物发现于他人物内，则埋藏物所有权由他人物之所有权人与发现者折半取得。《意大利民法典》传承了古罗马法的使命于其第832条在对埋藏物进行定义的同时亦确定了所有权人不明的埋藏物的归属，即如果在自己所有土地之内发现埋藏物则归自己所有，偶然在别人所有的土地之内发现埋藏物，则土地所有者与发现者各取一半。若埋藏物发现于他人所有动产中亦适用上述规定。此外《瑞士民法典》于其第724条对于具有很高学术价值的文物或自然物的归属作出了明确规定即由发现地的州取得所有权。不仅域外立法对所有权人不明的埋藏物、隐藏物归属作出了明确规定，就连中国古代也殊途同归地作出了相似规定。中国《唐律疏议·杂律》中规定，对于在他人的土地内发现宿藏物之后，按照规定应当与土地所有者各取一半，倘若不送还给土地所有者即自己藏匿起来企图独占的，则构成犯罪。

由此可见，域外法对于埋藏物作为无主财产时与中国唐律中关于埋藏物归属之确定有异曲同工之效，这说明此种规定存在一定的合理性。但遗憾的是，中国现行的不论是《民法通则》抑或是《物权法》皆未传承此种关于埋藏物归属确定之方式，而将所有权人不明的或经法定程序无人认领的埋藏物、隐藏物一律作出归国家或集体所有之规定。对此学者不敢苟同，不论是柳经纬教授所言，倘若国家成为无主财产的当然所有者，那么拾荒者每天从事的活动都是对国家财产的侵占；抑或是李显东教授主张，对于类似挖奇石或采蘑菇，并没有听说国家取得这些物品的所有权。现行立法通过条文如此设计足见其所宣扬的中国是社会主义国家，奉行的是个人利益要服从国家利益，局部利益要服从整体利益，基于此种理念和价值取向体现在制度设计上是不可能肯认个人通过先占取得无主财产所有权的，换言之，对个人先占的保护会导致国有财产的流失势必构成对国家或集体利益的侵害。但笔者认为，不能因为社会主义国家的性质就否定无主财产先占取得制度之必要性，况且即便基于个体利益服从国家利益之考量而将一切无主财产收归国家或集体所有。从现实角度考虑，国家还需要为管理这些种类庞杂、形态各异的无主财产设置大小不同的机构，耗资甚是巨大但收益却不尽如人意，不仅构成资源浪费亦增添了国家的负担。有鉴于此，中国未来民法典在对无人认领的埋藏物、隐藏物归属进行设置时应当借鉴域外立法的经验并结合中国国情确定无人认领埋藏物、隐藏物之归属。

第三，对于无人认领的遗失物归属之确定。拾得人拾得遗失物①后可以送交公安②等有关部门处理，公安等有关部门收到遗失物后可以发出6个月的招领公告或者在当地广泛流通的报纸上发出3次寻找失主的公告，每次间隔时间为30天，对于价值不超过100元的遗失物只需公告1次。倘若遗失物具有易腐易坏或保管费用昂贵的特性，拾得人可以在向公安等有关部门报告后进行公开拍卖并由公安等有关部门对拍卖所得的价金进行公告，招领公告应当载明遗失物的数量、种类、拾得日期、拾得地点，在招领公告期限内或自报纸上最后发出公告起3个月内无权利人前来认领的遗失物则于期限届满时由拾得人在支付公安等有关部门必要保管费用后取得遗失物的所有权或是拾得人亦可以主张对遗失物进行拍卖并在扣除必要保管费用后获得剩余的价金。倘若依照上

---

① 无人认领的遗失物除了包括一般普通意义上的遗失物之外，还包括两种特别的，即漂流物与失散饲养的动物，对于拾得漂流物或失散饲养的动物参照拾得遗失物的有关规定，本书不再赘述。

② 拾得人除了可以选择送交公安等有关部门外，还可以向财产所在地的基层法院提出申请并在其申请书中写明遗失物的数量、种类以及申请认定的依据。基层法院在受理申请后，经审查核实应当发出财产认领公告，倘若遗失物具有易腐易坏或保管费用昂贵的特性，法院在对拾得人申请进行审查核实后公开拍卖并对拍卖所得价金进行公告，公告满一年无人认领的，在期满后三十日内审结作出判决认定财产无主并归拾得人所有。但原财产所有人或继承人在判决认定财产无主后出现，在民法通则规定的诉讼时效期间内可以对财产提出请求，法院在审查属实后，应当作出一半遗失物的价值或价金归拾得人所有，另外一半归财产所有人或继承人所有的新判决，撤销认定财产无主的判决。

述规定有权获得遗失物所有权的拾得人向公安等有关部门表示放弃取得遗失物所有权的权利、在招领公告期届满或自最后公告之日起3个月届满为起点2年内没有主张权利的，遗失物的所有权抑或拍卖所得的价金由国家取得。详言之，对于此条归属之设计主要参见中国古代法关于无人认领遗失物归属之规定。遗失物并非无主财产，但无人认领的遗失物属于嗣后无主财产，其归属问题历朝历代不论是推行法治抑或德治皆对此进行了规定。从最早的西周、秦汉时期的"大者公之，小者庶民私之"，发展到以晋代为起点直至元代的"拾得人仅负有还主交公的义务且拾得人不能取得遗失物的所有权"，再从元代的规定继而演变成明清律典中规定的"在公示期限届满拾得人按先占原则取得所有权"。引起这一系列变化之原因，第一次是受儒家思想的影响而第二次则是伴随着私权观念的发达。尽管后来清廷在受日耳曼法影响之下被迫进行法律的修订，却殊途同归地做出与明清律法相吻合的规定。可惜的是在新中国成立之后并未延续此历史发展之脉络，在民法典的起草中乃至后来的《民法通则》、《物权法》皆似乎回归到了晋代关于无人认领遗失物归属之规定，即对于公示期限届满无人认领的遗失物归属皆做出收归国家所有的规定。但是笔者认为，既然不论是中国的明清律典抑或是德日民法典皆殊途同归地肯认在公示期限届满而无人认领时拾得人可以按照先占原则取得遗失物所有权，对此就不能仅仅认为是一种巧合。之所以作出相同的规定其背后一定暗藏合理之处。

有鉴于此，笔者基于以下四点原因主张立法应当延续明清时期的历史发展脉络，肯认拾得人有条件取得所有权。首先，从现实角度而言，一律将无人认领的遗失物收归国有不仅仅将其转为现金存在难度而且国家将需要增设庞大的机构来对这些形态各异的遗失物进行保管，此举无形之中增加了社会负担，相比之下由拾得人取得无人认领遗失物所有权更加便捷。其次，从效率的角度而言，肯认拾得人有条件地取得遗失物的所有权可以避开失主不认领的同时拾得人亦不享有对其使用处分权之困境，在稳定社会关系的同时亦实现了物尽其用。再次，从权利与义务的角度而言，现代民法的基本原则即是公开公平原则，遗失物的拾得人履行了法定义务就应当赋予其取得无人认领遗失物的所有权之权利，这才能体现权利与义务的一致。最后，从道德角度而言，肯认拾得人有条件地取得遗失物的所有权亦是对失主积极行使权利的督促。综上，中国未来民法典在对无人认领遗失物归属进行设置时应当在对明清时期的有益经验进行大胆借鉴的同时，结合现代民法理念赋予拾得人有条件地取得遗失物的所有权。

无主动产又可分为无主有形的动产与无主无形的动产。"无主有形动产常见且无须讨论，对于作为特例的无主的无形动产因其本身具有物质载体与本身价值相分离之特点，先占人不能取得无体财产权,[①] 而仅仅是取得物质载体所有权，比

---

① 鉴于知识产权不以物为指向，关于其能否成为财产权客体存在争议。尽管知识产权因权利客体本身具有无体性而被排除在基于物必有体原则之下的物权范畴，但是在本质上其与传统民法原则之下的物并未有不同。从知识产权产生至今，其作为重要财产权之一经历着在物权法之外的长期游离。知识产品的财产化作为自罗马法以来，私法领域中一场非物质化革命，其结果必然是将财产法适用范围加以扩大，并最早由德国学者科拉将其作为一种新兴财产权即无体财产权加以提出。尽管其能否成为财产权客体仍存在争议，但随着科技发展与社会的进步，固守陈规地将财产限定为有体显然不符合社会需求。完全可以根据民法对财产属性的规定来重新审视知识产品。鉴于人们能够在排除他人侵害的前提下对知识产品进行支配、使用、收益和处分，知识产品又如同磁场、辐射一样是不依赖媒体而独立存在的，其本身并非人类思想，而仅仅是外部表述

如，行为人在垃圾空间内发现一幅被作者抛弃的油画碎片，他仅仅可以取得该油画碎片的所有权但并不能因此获得此油画的知识产权。"①值得注意的是，当今作为先占人先占对象之物不同于罗马早期的"克里维特"所有制模式下所有权客体之物。罗马早期的"克里维特"所有制在保留土地占有的外壳前提下，将儿子、妻子、奴隶、世袭住宅、牲畜等都视为所有权之客体。鉴于在当时人们将这些财物视为重要的财产，所以将其作为个人财产权之客体并可以成为先占之对象。②罗马人在其私法体系中，设计出以物作为基础的所有权形式的物权制度，其财产法体系以物为基础，并将人身归属于客体物之范畴。在罗马法上其是将人视为物品纳入民事客体物范畴之中，因为在实行奴隶制的罗马国家中，奴隶本身不享有任何自由权，按照罗马法中关于物之定义，即是指存在于自然界之中的除自由人之外的一切东西。

人类的思想，作为其表现方式的媒介本身并非知识产权而仅是有形财产权，同样具有价值以及使用价值，所以知识产权应属于无体财产权范畴之一。基于此有学者认为，财产权的基本分类，皆因具体实现利益或标的不同。这即是说，基于有体物形成的民事权利是财产所有权，基于无体的精神产品形成无体财产权。（梁慧星：《民法总论》，法律出版社1986年版，第80页。）换言之，将无体财产权在民事权利领域内视为与知识产权相同。但笔者认为，两者范畴不尽相同，诚如日本学者列举出的大于知识产权权项的无形财产权类别，如经营上的信用与商品形态等归于无形财产并可获得来自反不正当竞争法的保护。现代意义上无体财产与罗马法时期的无体财产已不尽相同，罗马法时期的无体财产仅仅是指没有外在实体的法律拟制产物，其为资源分配的制度产物，亦是指除所有权之外以有体物为对象的财产权利，而现代意义上无体财产权除包括上述财产权利外，还包括了不以物为指向的知识产权。是故，有体物包括有形物与无形物，有形物包括动产与不动产；而无体物不仅包括与物有关的各种权利，如用益权，还包括与物无关的各种权利，如著作权、工业产权等等。

① 高富平：《物权法原论》，中国法制出版社2001年版，第105页。
② 参见周枬等《罗马法》，群众出版社1983年版，第155页。

由此可见，奴隶因不享有自由权而被视作物，其所处之地位与牛马牲畜等并无不同，可被主人作为动产进行任意处分。① 无论是人法、物法抑或神法，奴隶为物作为一项原则贯穿其中。伴随着奴隶制的废除，人身就不再作为财产权之客体，不再是物，而是思想与肉体之统一的人格所依附的有机体，而物以存在于人身之外为条件。曾经有学者如法国哲学家德斯杜特·德·特拉西认为只能以人格观念为基础才能建立所有权。人首先要对包括人格、精神、能力等方面进行自我认识，这个人就是他自己器官、身体、机能的专属所有者，即人可以成为自己身体官能的所有者，可以随意地支配这些官能。即凡是对于那些可以被人称作自己所有的东西，将人的思想与本人相等同，将人的一个肢体、自己的一部分、一种精神能力当作所有权的客体，换言之，所有权的客体是人身。但笔者认为，人并不是其自己官能的所有者，人所具有的才能、品行、力量等源于自然界的赋予，有了这些赋予，人类才可以更好地去求知和生存。人类对这些自然界的赋予只有使用权，只能在自然法则的指挥下来进行权利的行使，并不存在绝对支配权。倘若认为，人可以成为自己官能的所有者，则意味着他可以任意支配这些官能，他可以使自己不感觉到饥饿和寒冷。只要他说，我要吃饱穿暖、我要举起铁塔、我要长生不老、我要腾云驾雾，这些都随声令下而完成。如果上述都能实现这种结论是多么荒谬，人在不能主宰自身的前提下却认为是自身的主人，将人身作为财产权的客体这实属一种自居为所有者的妄想。作为民事权利对象之财产其实是在一个历史范畴之中存在的，诚

---

① 吴汉东：《财产权客体制度论——以无形财产权客体为主要研究对象》，http：//www.civillaw.com.cn/article/default.asp？id＝7585，2013年1月。

如史尚宽认为，在现代社会凡是财物具有价值的都会存在归属。财产的范围以及法律意义随着历史阶段法律文化的传统与社会生产方式的不同而有所差异。诚如洛克所言，自然理性赋予我们人类在出生时就享有生存的权利，可以对土地以及土地上的一切物品进行利用。[①] 近代启蒙思想家认为人类文明之开启应是以认可财产权作为标志的，如大卫·休谟认为人类道德的核心所在乃是调整财产如何进行分配的规则，在弗格森看来所谓野蛮人即是指那些没产生财产权观念的人，亚当·斯密在将动物与人对比的基础上发现，对于在如何将我的与你的进行区分方面，动物是无法像人类一样通过语言或者手势加以区别的。[②] 由此可见，无主财产先占取得对象不包括人身，其仅仅针对的是动产。[③]

（三）先占人取得所有权的条件

在立法上既然对于与社会公共利益无紧密联系的无主动产采"先占自由主义"，就应明晰先占人取得所有权的条件，即先占取得的构成要件。在参考域外法即日、德及中国台湾地区相关规定的基础上，笔者认为，无主动产先占构成要件包括主观要件与客观要件。首先，先占的主观要件是指先占人需要以所有的意思实施占有。先占人是否为所有的意思的判断标准即可以综合考量先占人对无主动产实际管领状态同时结合心理因素、先占对象等内容进行判断。诚如王利明与梁慧星教授认为无主财产的先占应当是基于所有的意思而先于他人占有，若非

---

① ［英］洛克：《政府论》（下册），叶启芳等译，商务印书馆1996年版，第18页。
② 石元康：《当代自由主义理论》，联经出版公司1995年版，第175页。
③ 先占的范围即无主动产不包括与社会公益密切相关的、法律禁止先占的动产，损害他人独占先占权的以及无人继承且无人受遗赠的无主动产遗产。

基于所有的意思占有则不能取得所有权。其次,先占的客观要件包括占有的标的物为非法律禁止先占的无主财产、[①] 占有的标的物需要为动产、自主占有、不对他人独占先占权构成侵犯。[②] 值得注意的是,在中国并非所有的无主动产都可以通过先占取得,若无主动产与社会公共利益密切相关,立法不赋予

[①] 占有的对象需要为无主财产,经如上分析,无主财产按照不同的标准可进行不同的分类,但最为常见分类方式则是将无主财产分为自始无主财产与嗣后无主财产。就自始无主财产而言,是指当然无主、自始确定无主,绝对无主的财产,即财产之上从来就没有存在过所有权人。如根据中国《物权法》第四十九条规定的反面解释,凡是法律未规定属于国家所有的动植物资源就不属于国家所有也不属于集体所有;易言之,不属于公有。既然不属于公有,那就意味着可以"私有",而私有主体是多数主体,因而这里就存在一个财产归属的界定问题,在未作出明确的界定之前,这样的野生动植物即处于法律上的"无主"状态,成为先占的客体,而此类自然的、自始的无主财产在量上显然并非少数。就嗣后无主的财产而言,即是过去曾经存在过所有权人而现在不存在所有权人的财产,凡是所有人不明的(包括所有人已消灭、下落不明或实施了抛弃行为)或无人继承的遗产等(没有继承人、继承人放弃继承权或是丧失继承权),都属于嗣后无主财产。在嗣后无主财产中最为常见的是抛弃物,但如何将其与遗失物进行区分,学者们仁者见仁,智者见智。王利明与梁彗星教授认为,所有权人是否放弃对动产的占有,是否基于所有权的意思抛弃动产之所有权,先占人不可能准确知晓,也只是按照实际情形进行判断。比如若将在垃圾空间内发现的较昂贵的或是具有特殊意义的财物全然认定为抛弃物,这与现实不符。鉴于在现实生活中存在难以界定抛弃物与遗失物的困境,倘若一概认定是无主财产而实施先占势必造成对原权利人之侵害。所以,在发现所有权人不明之物确定其性质时,首先应按照社会习惯即一般大众的认识来确定,具体而言,对于可随意丢弃的或没有通常意义使用价值的动产可认定为无主财产;对于按照社会大众一般观念不可随意丢弃的、在公共场所内发现的存在使用价值的动产应认定为遗失物。对于难以参照如上标准确定无人占有之物性质的,应先推定为遗失物并交由相关部门,在法定公告期经过而无人主张权利则推定为无主财产并由拾得人取得所有权。但现实生活中也有例外发生,如某摆阔的富二代在公众场所抛洒百元人民币,则此时应认定其基于放弃所有权的意思表示,被抛的人民币应认定为无主财产,而非遗失物。

[②] 对他人独占先占权构成侵犯的例如,某承包使用人取得对于某池塘抑或果园的经营使用权,他人若基于先占取得此池塘抑或果园中的水产品、果实等,即构成对他人独占先占权的侵害。

一般民事主体先占取得无主动产的权利，不仅行为人实施的先占行为无效，且还应承担不利的法律后果。此外还有一些无主动产尽管与社会公共利益并无密切相关，但因属于立法明定的禁止先占之财产，所以亦被排除于先占的行列。

"法律禁止先占之物"具体包括：

1. 立法明定为国家所有的财产。如环境保护法或野生动植物保护法禁止采集或捕获的植物、动物；公共设施；文物保护法禁止流通的、具有考古或其他研究价值的文物；具有研究价值的陨石。

2. 自然人的尸体。按照社会的公共秩序和善良风俗并参照现代民法的相关规定，自然人的尸体不能作为先占客体，其所有权原则上应由其亲属取得。对于被人抛弃或是无人认领的尸体，国家应该按照符合公序良俗原则的方式妥善处理，此外自然人的器官亦同。详言之，所谓尸体即是指自然人在死亡之后留下的躯体，在确定无主尸体归属之前首要确定尸体的民法属性，即需要依次回答如下问题，尸体是否为物、若为物则是否为所有权之标的、若为所有权之标的则权利归属。在理论界关于尸体的法律属性一直存在较大的争议，中国立法对此也没有明确进行规定。综观域外学术界观点，主要存在三种学说。其一是以德国学者梅迪库斯为代表的尸体非物说，"其认为适用于物的一般规则并不适用于尸体是因为尸体本身并不是物，除非它演变成非人格化的木乃伊或骨骼"[①]。按照该学说的观点，死者的亲属对尸体所享有的仅仅是照看管理权而并非是所有权，但人们可以享有对于被视为物的木乃伊或是骨骼的所有

[①] [德] 迪特尔·梅迪库斯：《德国民法总论》，邵建东译，法律出版社2000年版，第876页。

权。台湾学者胡长清在其论著中言:"尸体是否为物是也:关于此点,略有三说:(1)尸体为物,但并非是物权的客体;(2)尸体为物,属于继承人之所有;(3)尸体非物,依余所信,应以第三说为是。"① 在中国大陆,杨立新教授赞成此观点,其认为:"尸体不能如物一样充分发挥实用价值,无论是基于医疗的目的抑或其他对尸体的利用是片面的,其也不能满足所有权的全部权能,其本质应为在权利主体死亡之后身体权客体的一种利益延续,就如同自然人所享有的在出生之前的先期身体利益,鉴于其在时间上与身体利益紧密衔接继而构成一套完整的身体利益,此利益之所以能成为法益是因为得到了法律的保护。立法是基于延伸保护人身权理论基于对延续利益的保护的初衷进而保护的尸体。若仅凭借尸体具有某些物权属性而将其作为财产权客体是误入以偏概全的歧途。"② 其二是日本学者认为"尸体为物说",从《日本民法典》第897条规定可知,死者尸体所有权是由祭祀者继承,可见尸体在日本立法中被明定为物。任何人非法处置、侵害利用尸体都构成对继承人所有权的侵害。在中国的台湾地区尸体为物已然成为通说,由继承人共同共有此项遗产。"尸体为物说"得到了中国大部分学者的赞同,如王利明教授认为,人在死亡后的遗体属于物。③ 又如梁慧星教授所言:"遗骸作为人在死亡之后的躯体属于物。"④ 其三,美国学者认为"准财产权说"。对于遗体的埋葬作为一项义务已经通过美国法院的判例得到认定,死者亲属在无遗嘱处分的前提下享有处置遗体的权利。但死者亲属仅

---

① 胡长清:《中国民法总论》,中国政法大学出版社1997年版,第154—155页。
② 杨立新:《人身权法论》,人民法院出版社2002年版,第417页。
③ 参见王利明编《民法》,中国人民大学出版社2000年版,第28页。
④ 梁慧星、陈华彬:《物权法》,法律出版社1997年版,第90页。

仅享有保护尸体的权利以及他人侵害尸体时获赔偿的权利。[①]该说与日本"尸体为物说"不同的是，其仅承认尸体为物，但却否认尸体为所有权客体。鉴于尸体本身具有外在形态的使用价值，符合物之条件。尽管民法一般规定对尸体的适用有限，但民法基本原则已然在对尸体的使用中把公序良俗等社会伦理注入其中，从而为尸体的使用处分划定了界限。

尽管目前通说已赞同尸体为物，但关于其是否可以成为所有权客体又存在分歧。有学者主张尸体管理权说，即认为"尸体并非是所有权的标的但为管理权的标的。不能将尸体作为遗产并由继承人继承，它并非财产权的标的而仅仅是火化埋葬、祭祀管理的标的。死者近亲属对尸体拥有管理的权利"[②]。还有学者主张尸体所有权说，其观点是伴随人的死亡主体资格已消失，尸体作为自然人死亡之后遗留的无生命物体，可以成为所有权标的并由亲属取得所有权，但鉴于其特殊性以及对死者近亲属意义重大，所以在行使尸体所有权时要加以严格的限制，如需要履行妥善保管、安葬火化、祭祀管理的义务，不得抛弃。鉴于从法律性质角度将尸体定性为物，将其纳入物权法调整范围合情合理，所以尸体所有权说更为合理。既然尸体为物又为所有权标的，关于尸体所有权主体有三种典型观念。有观点认为国家享有尸体所有权，在苏联以及东欧此种观点比较常见，其主要理由是社会资源应当包括尸体，人死后从促进社会发展以及充分利用尸体角度应当让国家成为尸体的所有者，但可以适当将所有权与处置权分离。还有观点认为近亲属享有

---

① 参见杨立新《论尸体的法律属性及其处置规则》，载《法学家》2005年第4期。

② 刘春茂编《中国民法学·财产继承》，中国人民公安大学出版社1990年版，第107—108页。

尸体所有权，鉴于近亲属与死者之间身份关系特殊而由其成为尸体的所有者。更有观点认为本人享有尸体所有权，其观点认为死者在生前就享有处分死后的遗体的权利，其可以用遗嘱或其他方式进行处分并由近亲属或执行人实现。对于第一种观点根据中国的传统和国情，人们在心理上通常不能接受，其过度看重无私奉献以至于是对人性的忽略，提出让国家成为尸体的所有者观点的学者，既忽略了死者亲属的感受，也未考虑到在社会生活中文化传统和伦理的重要性。对于第三种观点也是不合理的，自然人的权利能力于出生时产生，并于死亡时消灭，在人未死亡前，尸体并不存在，又何来尸体所有权问题。因此第二种观点符合中国传统与社会习惯，应当由死者的近亲属享有所有权。由此可见，在能够确定死者近亲属时，国家和死者本人皆不能成为尸体的所有者，死者近亲属基于其与死者之间的特殊关系而对尸体享有共同的所有权。① 虽然通过对尸体性质及确定归属标准的详尽分析，可以得出尸体存在近亲属的则归近亲属所有。对于近亲属不明或不存在的无主尸体，则所有权可例外归"公"②，但绝对不能基于先占取得，这主要是基于对社会文化和伦理道德的考量，使中国善良民族传统得到传承，倘若不确定无主尸体归属，有伤社会风化同时也构成对中国善良习俗的破坏，更为严重的会扰乱社会秩序。因此基于当前国情考量，对于被人抛弃或是无人认领的尸体可例外归

---

① 之所以由死者的近亲属对尸体享有共同的所有权，是因为对尸体的所有权归属如何确定是基于维护社会道德的考量，是一种保护近亲属的人格尊严的行为，任何人对尸体本身的侵害行为，同时亦是对死者近亲属在感情上的巨大伤害，因此，在能够确定死者近亲属时，尸体的所有权归近亲属共同共有。

② 值得注意的是此处无主尸体所有权可例外归于"公"，之所以加引号是因为这与下面"无主不动产归公"中的公并不相同，此处前者公指代的是国家，而后者的公是指无主财产的公益基金。

"公"，并由国家按照符合公序良俗原则的方式妥善处理。综上对于无法确定所有者的尸体可以比照民事诉讼法关于无主财产认领的有关规定，由公安机关先行侦查并发布认尸公告，在侦查结束后公告期间届满时，对于无人认领的尸体，直接按照中国殡葬制度由侦查机关交给民政部门火化处理。

3. 法律明定禁止公民持有或流通的财产。如法律禁止公民持有的枪支、弹药、武器、毒品等。

笔者认为，不可以先占取得的无主动产除包括如上所述的与社会公共利益密切相关的抑或立法明定的禁止先占之财产外，还包括无人承受的动产遗产。① 固然对于此类无主财产按现行法之规定一律归国家或集体所有并不合理，但此类继承人有无并不确定的动产遗产需要在利害关系人向法院提出申请后，经公告期间届满无人认领的情形下才能将其认定为无主财产并判决确定归属。在确定其归属时若按一般无主动产归属确定原则即实行先占自由主义，具体由利害关系人包括被继承人生前所在的单位、所在地的居民委员会、村民委员会抑或债权人等取得所有权，不仅无法寻求法理依据而且此种归属之确定会导致更多人为取得无人承受遗产所有权纷纷以利害关系的身份向法院提出申请，不仅造成司法资源浪费亦激发社会矛盾不利

---

① 对于无人承受的动产遗产按照《继承法》第三十二条的规定，将其称作无人继承又无人受遗赠的动产遗产更加适合。动产遗产在满足下列条件之一且经法定公告期间无人认领时构成无主财产，详言之条件为：被继承人死亡后没有继承人，即被继承人死亡后并不存在法定的继承人也无受遗赠人或遗嘱继承人；存在继承人、受遗赠人但其主动放弃继承权或对遗赠予以拒绝；法定或遗嘱继承人丧失继承权；被继承人通过遗嘱的形式对全部继承人继承权予以取消；遗嘱仅仅涉及部分财产处分而对于未处分部分无人继承且无人受遗赠。对于此类无主财产归属倘若按照作为中国处理无人承受遗产归属的法律依据即继承法第三十二条的规定，对于遗产属于无人继承又无人受遗赠时收归国家所有，若死者生前属于集体所有制组织成员的，那么，此无人承受的遗产归其所在的集体所有制组织所有。

于社会稳定之维系。有鉴于此，对于此类特殊的无主动产归属之确定既不实行先占自由主义也不实行国家先占主义，而是对于无人承受的动产遗产与无主不动产一样由法院判归公，此无主财产将被无主财产公益基金进行托管，并服务于公益事业。综上，将无主动产先占的主观要件与客观要件相结合最终得出先占人取得所有权的条件即是以所有的意思对无主动产实施占有、自主占有无主动产、不能侵犯他人独占先占权、占有的标的物非禁止先占的无主动产。

二　无主不动产归公

权利人抛弃以登记为所有权变动公示方式的不动产，需要经过注销登记，才能使其成为无主财产，若采取"先占自由主义"就会出现社会公众信息与登记机构信息不对称的情形，不仅会滋生贪污腐败现象，而且鉴于此类财物价值较大也易滋生人们投机的心理，对建设良好的社会秩序无益。因此，笔者认为，无主不动产应当归公，应当归公的无主财产不仅包括所有权变动公示方式为登记即无主的不动产还包括无人承受的动产遗产。尤其是当银行存款成为无人承受的遗产时，因其具有以银行为载体的外部特征，鉴于现行法并未对银行该如何处理"未经过民事诉讼程序认定为无主财产"这样的存款进行规定，继而导致在实践中银行按照财政部关于账户管理之规定，对于存款账户若在一年之内没有支取记录即将其列为"悬而未取的账户"。此外中国人民银行与财政部皆未对此种类型账户应当如何处理作出规定，银行业通行做法是通过会计处理方式，对于常年未支取的活期账户先将其定为应付账款，再列为营业外收入；而对于已预定到期转存的定期存款则继续转存，若未约定则按照活期账户处理。足见，此时银行抱有一种投机心理，若有人前来领取存款，则以营业外支出的形式记账，若无人前来领取，则收归己有。其所谓的营业外收入即意味着银行将本属无主的存款纳入自己收入，实应构成不当得利。因此，对无人承受的存款遗产寻求司法程序的认定并确定归属显得尤为重要。

通过上面分析，无论是从域外立法例角度，如罗马法承认无主不动产的存在，抑或是从理论以及实践层面分析，无主不动产皆客观存在。中国物权法对此并无明确规定，按照《物权法》第二章第一节第九条的规定，不动产物权的设立、变更、转让和消灭，经依法登记，发生效力；未经登记，不发生效力，但法律另有规定的除外。若不动产所有者欲实施抛弃行为时，只有通过注销登记才能发生消灭所有权的效力。若对无主不动产适用国家先占主义，所有者进行注销登记之时即发生消灭所有权的效果，本应成为无主不动产的财产按国家先占主义则由国家取得所有权，国家先占取得所有权之时与抛弃生效之时形成无缝对接，并不会产生无主不动产。但鉴于无主不动产在现实生活中客观存在，因此笔者认为，对于无主不动产归属之确定不应一味借鉴域外立法的国家先占主义。对于无主不动产尽管亦可遵循无主财产归公的思路，但是"公"并非指国家或集体经济组织，此无主财产将被无主财产公益基金进行托管并服务于公益事业。

（一）"公"并非指国家或集体经济组织

按当前立法思路认为，"公"应当是指国家或集体经济组织，这是因为在中国社会主义初级阶段基本经济制度是由社会主义的性质和中国初级阶段所处的国情共同决定的，即是以公有制为主体、多种所有制经济共同发展。中国立法上的财产在所有制问题上属于公有抑或私有，这可以通过查阅相关立法规定得到印证,如宪法第十二条规定,社会主义的公共财产神圣不可侵犯。禁止任何组织或者个人用任何手段侵占或者破坏国家的和集体的财产。第十三条规定,公民的合法的私有财产不受侵犯,国家保护公民的私有财产权和继承权。可见宪法将财产分为公共财产和私有财产。继而2007年第十届全国人民代表大会通过的《物权法》,将所有权进行了详细划分,其第四条规定,国家、集体、私人的物权受法律的保护,任何单位和个人不得侵犯。由此可见,《物权法》将物权划分为三种,国家、集体和私人所有权,其中国家与集体财产属于宪法规定的公共财产。在通过分析物权主体的基础上,既然从法理上主体平等的角度而言,中国立法不承认民事主体先占取得无主财产的所有权,却赋予国家和集体享有成为无主财产的当然所有者的权利,这有悖于平等保护国家、集体和私人所有权的法律理念。因此对于所有权变动公示方式为登记的无主不动产,鉴于此类财物价值较大若采先占自由主义易滋生人们的投机心理,对建设良好的社会秩序无益。基于此种考量,此类无主财产既不能使国家或集体成为其所有者,也不能基于先占让私人成为所有者,在遵循目前立法思路下,公并非指国家或集体经济组织,若财产在经过民事诉讼法定程序后认定为无主财产,此无主财产将以服务于公益事业为目的被无主财产公益基金进行托管。

(二)中国应设立无主财产公益基金

不论是从自然角度抑或是社会角度,近年来无主财产的数量都是有增无减,在对无主财产进行认定之后确定归属显得尤为重要,原则上对于无主动产采先占自由主义而对于无主不动产应当归公。与《物权法》、《继承法》、《民事诉讼法》所确定的归属不同的是,此处的公并非是指国家或是集体经济组织，即无主不动产不应笼统地归于国库或集体财政，而是一种通过对自然人、法人以及其他组织捐赠的财产以从事公益事业为目的进行利用，并且按照《基金会管理条例》规定成立的非营利性法人。不论是汶川地震抑或是玉树地震其所导致的常见现象即是大量的家族性的人员伤亡，继而引发的无人继承同时又无人受遗赠的无主不动产越来越多且价值较大。既然中国通过《基金会管理条例》肯认公益基金会作为一种非营利性质的法人存在，况且正如上面分析，对于数量庞多价值较大的无主不动产不论是按照现行法的规定归公权力主体抑或是按罗马时期对财产不分动产与不动产一律采取先占自由主义，都不能寻求一个合理的法理依据且将无主财产不加区分的一律归公抑或归私，容易加剧贫富差距，不利于稳定社会秩序之维持。有鉴于此，对于无主不动产归属问题，笔者建议为避免上述争端又有利于社会和谐的方式即是以无主不动产作为捐赠的财产设立一个以从事灾后重建等公益事业为目的对财产进行利用的无主财产公益基金项目，将无主财产由此项目进行托管，以便专款专用，从而达到更好地为灾后重建工作抑或是其他公益事业服务的目的。因此对于因天灾人祸等原因导致的大量无主不动产作为捐赠财产设立一个无主财产公益基金项目对于致力于灾后重建或其他公益事业具有积极的意义。为更好地对无主财产公益基金进行管理，首要关注的是中国现存的公益基金会存在的问题以及如何改进。对公益基金会内部如何治理以及资金如何运作亦是研究的焦点所在，只有对制度现状以及中国目前公益基金会存在的弊端进行研究才能更好地为设立并运作无主财产公益基金项目服务。而对制度现状的研究就不可回避其历史发展脉络以及为何会产生这样的非营利法人。中国之所以会产生公益基金会，这是因为从社会发展角度而言，"在改革开放之前是以知识分子阶层以及工人、农民阶级为基础的一种社会结构模式,当时人们在以公社与单位为基础的单一结构内生活。社会领域是伴随着原来的计划经济逐渐转型为现在的市场经济而发生的分化并产生了相对自由活动空间以及流动资源"[1]。由此在原本只有国家的一元结构外衍生出公民社会与国家的二元结构。[2]而公益基金会作为公民社会的构成部分逐渐登上经济和政治的舞台,伴随着日益发展的市场经济以及体制的变革,使人们逐渐从"没有市场是万万不行的"转变为"市场并非是万能的"。从市场神话中走出来的人们发现有些事情市场无能为力而同样政府也做不好,因此作为一种国家与市场之间补充的社会组织的基金会逐渐凸显出其存在的价值与优势。《世界基金会指南》对基金会进行了权威的定义,"即基金会是一个有自己资金以资助慈善、宗教、教育等公益事业为目的并由董事会或受托人进行管理的非营利的非政府组织"[3]。由于1986年第六届全国人民代表大会第四次会议通过的《民法通则》将法人分为机关、企事业和社会团体法人,其中没有将财团法人独立划分为一类,继而导致以前中国对于基金会认定上体现出特殊性,即在1988年的《基金会管理办法》中将基金会理解为社团法人。但是从理论而言鉴于法人有公法人与私法人之分,而私法人包括财团法人与社团法人,其中社团法人是一种人的集合,财团法人是为实现特定目的而

---

[1] 柯兰君、李汉林主编《都市里的村民——中国大城市的人口流动》,中央编译出版社2001年版,第18页。

[2] 参见施雪华《政治现代化比较研究》,武汉大学出版社2006年版,第87页。

[3] 吴锦良:《政府改革与第三部门发展》,中国社会科学出版社2001年版,第295页。

设立的并由专门委任之人按照规定的目的对目的性财产进行管理。基金会本身是以财产为基础而并非以人为基础设立的组织，这就与以人为集合的社团法人存在本质的不同。按照社团方式对中国的基金会进行登记以及管理，势必会带来一定的问题，可见此实属立法缺陷。伴随着实践的发展，立法者也逐渐注意到此问题，并在2004年颁布的《基金会管理条例》重新对基金会进行了定性，不再称之为社团法人，尽管未使用财团法人的称谓但将其理解为非营利性的法人仍是具有进步意义的。"从历史层面考察，中国大多数成立的基金会都是为了更好地在国际社会上募资筹款抑或是政府为了解决某项用于公益事业经费短缺问题。"[1]尽管中国基金会的历史是由1981年成立的中国少年儿童基金会所开启，且希望工程作为基金会运作项目的典型代表已经耳熟能详，但其具体运营模式却鲜为人知。在中国公益基金会还属于一个新生事物且计划经济遗留的政府强大的行政干预权力使得非营利组织发展举步维艰。但鉴于其在推进社会发展、稳定社会秩序、救济贫困、完善社保、推进企业发展以及提高公民素质等层面起到重要作用，对公益基金会基础理论进行研究对于如何更好地运作无主财产公益基金项目具有积极意义。

鉴于中国目前公益基金会普遍存在不合理结构以及发展不均衡的现象，不仅资金规模比较小[2]且升值部分的资金亦仅够维持基金会的正常运营，所以不论是民办抑或是官办都会寻求向

---

[1] 王名、何建宇、刘国翰：《中国社团改革——从政府选择到社会选择》，社会科学文献出版社2001年版，第197页。

[2] 据统计，中国由政府办的基金会在20世纪90年代仅有26个是基金在1000万以上的，其中有6个基金在5000万以上，且在1996年，平均每个美国基金会拥有的资金是每个中国基金会拥有资金的6.6倍。

海外或者民间筹资。而国外的如福特基金会、美国 CE 基金会、比尔·盖茨、洛克菲勒财团等这些巨额公益基金拥有者宁可选择其他国家已经发展壮大、专业性强且具有较好的信誉的民间公益基金会而不会选择发展规模较小且官办色彩浓重的中国公益基金会。况且伴随着加入 WTO 后逐渐放开对金融方面的限制，若原来官办色彩浓重的基金会不转换角色，势必会导致原本应进入中国的公益基金被投向其他公益机构，由此中国公益基金会便进入一种恶性循环的局面乃至落入被迫退出公益舞台的境地。公益基金会在外表现为一种运作型①的基金会，大部分的基金会皆是一种筹措资金与运作合二为一的运营模式，且现有的中国基金会大多是向社会进行广泛募集的公募基金会，非公募的非常少继而加重了规模难以扩大的局面。因此中国的公益基金会应当在加强管理、结构完善与借鉴国外先进经验的过程中实现角色的转变。详言之，要重视内部治理中存在的不容忽视的问题，如作为最高决策机构的理事会的决策权被架空、②

---

① 基金会根据运作方式不同主要有两种，一种是通过资金支持不同的项目从而为公益事业服务的资助型基金会，其特点在于其工作人员并不参与所资助项目的管理，如福特基金会、教育类的基金会，另外一种是其工作人员对于为公益事业服务的项目进行积极地参与组织，策划和实施，抑或偶尔通过项目对其他组织、个人进行捐赠的运作型基金会。

② 作为最高决策机构的理事会的决策权被架空主要体现在三个方面，一是来自业务主管单位治理主导权的压力。由于中国的公益基金会由业务主管部门与登记管理机关共同审核负责监管且前者按照《基金会管理条例》的规定不仅存在事后追究的责任还有事前监督指导的责任，所以主管部门为防止基金会经营出现问题就会对理事会的决策权进行干预，而理事会亦是畏惧行政机构职权，只能按其想法操作实施，结果导致决策权被架空；二是公益基金会现实中理事人数众多导致很难召开理事会以及即便召开因意见不统一也很难进行决策；三是理事会成员主要是志愿者外加理事会召开次数较少，导致本应仅负责执行的秘书长由于长期参与日常运作并开始进行决策执行，继而使理事会的决策权逐渐被架空。

监事会处于一种虚设状态①以及内部人控制②等严重的问题。有鉴于此，在对无主财产公益基金项目进行运作的基金会在内部治理问题上应当汲取经验。首先，应在对无主财产公益基金项目进行运作的基金会内部形成一种均衡有效权利互动的决策机制，理事会与业务主管部门各司其职互不僭越的同时立法应明确理事的诚信职责；其次，使基金会中作为重要监督机构的监事会的法律地位有所提高且应扩大其职权，并对监事的资格进行严格认定，如独立监事的设立，即不由业务主管部门或理事会委派而是由独立于组织的专业人士担任，既保证具有专业业务水平的同时亦能更好地执行监督职能又实现了身份的独立；③最后，在对无主财产公益基金项目进行运作的基金会中引进共同治理模式，将内部治理与外部治理相结合来避免内部人控制的局面。如公益资产代表诉讼的设立，即当内部人谋取私利时，由从政府监督机构、捐赠者中选出的代表对组织提起诉讼并对内部人进行责任追究。此外关键职务的人员亦不能高度重合，如秘书长与常务理事或理事长需要由不同人担任。上述对中国公益基金会治理结构存在问题的分析是为使对无主财产公益基金项目进行运作的基金会走向一种良好的治理模式。因地震导致的无主财产

---

① 作为重要监督机构的监事会处于一种虚设状态主要因为对监督权行使进行救济和保障措施的缺乏以及不合乎规范地任命监事会成员、因信息并不对称导致监督落空、内部缺少专业人才等原因共同所致。

② 内部人控制主要是指在公益基金会中，由于存在决策权被控制以及一定的制度缺失继而出现理事长、秘书长等内部人单独抑或合谋控制基金会以便谋取私利的现象。(H. Oliverh. Moorel. Foundations of Incomplete Contracts. Review of Economic Studies. 1999. (66): p. 29.)

③ J. Michael. Mecklinfw. Theory of the Firm: Managerial Behavior, Agency Costs, and Ownership Structure. Journal of Financial Economics. 1976. (3): p. 65.

不仅数量庞多而且价值较大并成为理论界、实务界甚至是社会舆论所关注的焦点，因其关系到民生民心，若处理不当不仅不能安抚民心，严重的更会加剧贫富差距乃至扰乱社会秩序。因此对无主财产公益基金项目进行运作的基金会如何治理进行探究具有现实意义。

在探讨完基金会治理之后，对于无主财产公益基金项目如何运作问题便引起普遍关注。笔者认为，尽管中国《基金会管理条例》并未将基金会定性为财团法人，但就本质而言其是以捐赠财产作为成立之基础即设立在财团法人框架之下的典型代表。尽管大陆法系的财团法人与英美法系的公益信托都是为实现公益目的而进行设立，但两者在所有权之归属即是否坚持一物一权、① 设立之方式上是否需要法人资格以及如何运作即是否动用基本财产进行投资等方面仍存在较大差异。通过对比分析，鉴于公益信托在设立方式等方面存在诸多优势，所以一些大陆法系国家即便是已经设有财团法人的也安排了公益信托制度。例如，韩国、日本以及中国台湾地区等，殊途同归的是，尽管没有使用财团法人术语的英美法系国家亦有非会员制非营利法人之存在。② 从目前中国公益基金项目运作角度而言，与运作有关的全部职责几乎都是由公益基金会担任的，这不仅对公益基

---

① 大陆法系的财团法人在所有权归属方面遵守一物一权，原捐赠者对于被捐赠财产的所有权于财团法人设立时转为法人的所有权，而在理论上公益信托存在受益人的衡平法上的所有权（收益权）与受托人的普通法上的所有权（管理、处分权），即两个所有权。

② 金锦萍：《非营利法人治理结构研究》，北京大学出版社2005年版，第197页。

金的增值不利①而且也使得对其进行科学化管理无益甚至还会牵绊公益事业的长足发展。既然财团法人与公益信托两者并非是非此即彼，相互排斥的关系，因此，笔者认为对于无主财产公益基金项目的运作与其由基金会自己运作不如交由更具有投资与理财经验的信托投资公司。况且因《信托法》的颁布实施使得信托投资公司已经进行了清理和整顿能够以清晰的法律地位致力于公益事业，其通过设计信托产品来吸引投资者继而实现参与公益事业群体扩大之目的，对公益事业之发展壮大具有积极推动作用。尤其是对于那些期限较长且规模较大的基金项目若交由专业信托投资公司进行运作，在对基金进行保值的同时还能实现基金的增值，从而使基金以一种良性的态势进行发展。通过信托投资公司的运作使得原本有限的基金通过专业的投资成为不断增值的财富继而能够为服务于公益事业提供源源不断的资金支持。英国是最先开启采用公益信托的方式使基金增值的国家，后来此种方式在美国获得了快速发展，现已在日本普及。在中国，为实现公益基金保值增值而进行的投资行为在获得《基金会管理办法》与《中华人民共和国公益事业捐赠法》的肯定后，《中

---

① 不论是较早的希望工程以及在近年来发生的汶川、玉树地震，大部分的人们都基于爱心善心而向各类的基金会捐助过善款，但却对这类公益基金会如何运营了解甚少。据相关数据统计，全国具有保值增值能力的基金不超过基金总量的一半，这直接导致的结果就是大多数的公益基金的发展已经处于迟滞的状态。究其根本原因在于公益基金本金不可动用的同时，公益基金亦缺乏有效的增值渠道，继而导致基金的增值仅够满足基金会的正常开销，项目经费无从获得。将公益基金会定性为非营利性并非是指其不能获取利益，基金若不能获利即代表其丧失了以其增值为公益事业服务的能力，所以非营利仅是表明其是以公益而非以营利为目的。就目前而言，基金增值的普遍办法是获取银行存款利息、投资股票以及债券等方式，但受限于资金抵御风险能力差且较为单薄，缺乏专业的管理人士等综合因素导致基金获利甚微。

华人民共和国信托法》又对其进行了规范。如上海市社会养老补充养老基金,此种公益基金于2008年以信托委托形式交由国际信托投资公司进行资金保值增值管理,这是通过信托投资公司的运作使有限的基金通过专业的投资成为不断增值财富继而更好地为公益事业服务的典型例证。有鉴于此,笔者认为,从对中国公益事业最为有利的角度而言,既充分肯定在中国公益事业中公益基金会之基础性地位的同时又充分发挥运作公益信托基金的信托投资公司的专业化作用,使二者并列发展,从而更好地对无主财产公益基金进行运作,实现其保值增值才能更好地为灾后重建等公益事业服务。

综上,无主不动产归公已如上面所述,但可归公的无主财产还包括无人承受的动产遗产。[①] 对于无人承受的动产遗产按照中国《继承法》第三十二条的规定,将其称为无人继承又无人受遗赠的动产更加适合。动产遗产构成无主财产需要同时满足实体标准[②]与程序标准。对于此类无主财产的归属,若按照现行法"作为处理无人继承又无人受遗赠的遗产归属的法

[①] 关于无主财产归属之确定,原则上按照无主动产采先占自由主义而无主不动产归公,对于此点因上面存在详述而此处无需赘述。通过分析亦可知无主财产按照不同的分类标准能够进行不同的划分,自始无主财产与嗣后无主财产便是最为常见的分类之一。其中对于嗣后无主财产除了抛弃物以外还包括所有人不明的埋藏物、隐藏物、无人认领的遗失物以及无人承受的遗产。其中无人承受的遗产包括动产与不动产。无主不动产遗产因其属于无主不动产而归公并无异议,但对于无人承受的动产遗产归属之确定是否因其属于无主动产范畴而实行先占自由主义,笔者认为存在讨论之必要。

[②] 包括被继承人死亡后没有继承人,即被继承人死亡后并不存在法定的继承人也无受遗赠人或遗嘱继承人;存在继承人、受遗赠人但其主动放弃继承权或对遗赠予以拒绝;法定或遗嘱继承人丧失继承权;被继承人通过遗嘱的形式对全部继承人的继承权予以取消;遗嘱仅仅涉及部分财产的处分而对于未处分的部分无人继承且无人受遗赠。

律依据"即《继承法》第三十二条的规定,[①] 则归国家或集体所有。但笔者认为对此类无主财产归于国家或集体所有制组织所有并不合理,由于此类继承人不明的动产遗产需要在利害关系人向法院提出申请后,经公告期届满无人认领的情形下才能将其认定为无主财产并判决确定归属。在确定其归属时,若按一般无主动产归属确定原则实行先占自由主义,即由利害关系人包括被继承人生前所在的单位、所在地的居民委员会、村民委员会抑或债权人等取得所有权,不仅无法寻求法理依据而且此种归属之确定方式势必会导致越来越多的人为取得无人继承又无人受遗赠的遗产所有权纷纷以利害关系人的身份甚至是伪造利害关系人的身份向法院提出申请,不仅造成司法资源的浪费亦会激发社会矛盾,不利于社会稳定之维系。有鉴于此,笔者认为对于此类特殊的动产归属之确定既不实行先占自由主义也不实行国家先占主义,而是将无人继承又无人受遗赠的动产遗产与无主不动产一样归公。

[①] 现行立法规定,遗产属于无人继承又无人受遗赠的情形下应收归国家所有,若死者生前属于集体所有制组织成员的,那么此无人承受的遗产应归其所在的集体所有制组织所有。

第四章

无主财产致害之责任归属

鉴于无主财产主要可分为自始无主财产即在现实生活中不归属于任何人所有的财产、[1]嗣后无主财产即现在并无所有权人之财产。[2] 无主财产的致害在类型上应属于物件损害，虽然中国于 2009 年 12 月 26 日第十一届全国人民代表大会常务委员会第十二次会议通过《中华人民共和国侵权责任法》，其并没有明确规定无主财产致害的责任承担。但是无主财产却广泛存在于现实生活中，不论是地震这样的天灾地变导致大量人员伤亡的同时亦引发大量无主财产的出现；还是因计划生育政策的厉行而导致由父母二人和一个子女组成的核心家庭在现今及未来可见的社会中已经和必然占据主流，若不通过修法的方式扩大法定继承人的范围，结果必将导致无人继承的无主财产越来越多。鉴于无主财产在现实中客观存在，因其致害而引发的责任承担亦是理论与制度不能忽视与轻视的一个问题，因而有深入研究的现实意义。可见侵权责任法应对因无主财产可能导致的损害做出明确的相关

---

[1] 参见［意］彼德罗·彭梵得《罗马法教科书》，黄风译，中国政法大学出版社 1992 年版，第 185 页。

[2] 参见［日］我妻荣《新订物权法》，有泉亨补订，罗丽译，中国法制出版社 2008 年版，第 309 页。

规定，从而实现责任的归结与权利的救济相结合。物件在中国侵权责任法上仅仅是指物理上的物，其并非包括"准物"，因此在侵权责任法框架研究之下，对于无主的无体财产将排除在无主财产致害之责任归属的研究范畴外。① 本章对于无主财产致害之责任归属的研究主要与侵权责任法现行规定相结合，以期有所裨益于侵权责任法之完善。

---

① 根据无主财产权的权利客体物质性与非物质性，在支配性财产权领域中可将无主财产权分为无主有体财产权与无主无体财产权，后者包括以物为指向的各种权利及不以物为指向的各种权利。无主财产可为无主有体财产与无主无体财产。无主有体财产是指不存在所有者的本身具备实体存在且可通过感官感知的财产；无主无体财产是指不存在所有者的本身不具备实体存在的财产。对于有体财产与无体财产之界定问题是探究无主有体财产与无主无体财产之前提。关于有体财产与无体财产划分主要应追溯于罗马法，而在古典哲学的思想中，无体财产的含义可追溯到斯多噶学派。在古代的罗马，人们所指称的物是指一切对人类有用处的，并可以为人力所支配的同时又构成人们财产组成部分的事物。[周枏：《罗马法原论》（上册），商务印书馆1994年版，第276页。] 可见罗马法所指称的物（res），在具体的和特定的意义上（即与物权相联系），是指外部世界的某一有限的部分，它在社会意识中是孤立的并被视为一个自由的经济实体。（[意] 彼德罗·彭梵得：《罗马法教科书》，黄风译，中国政法大学出版社2005年版，第141页。）其物权的标的却只能是此种意义上可感知触觉的实体的物，罗马人将其称之为"物体"。当时财产法体系是以物为基础，主要是针对有体财产。但受限于当时的生产力水平以及人类认识程度，罗马法将"体"拘限于"形"，即实体性作为物之要件，有体物仅仅指有形物。罗马著名法学家盖尤士于公元2世纪在《法学阶梯》中提出了关于有体物与无体物的分类，其认为凡是那些本身可以通过感官感知的财产同时具备实体存在的即被认定为有体物；可通过感官可感知的有形财产如马车、房屋、锄头、土地、家具等；而对于凡是那些仅是通过法律拟制的并且本身并不具有实体存在的财产称之为无体物。[周枏：《罗马法原论》（上册），商务印书馆1994年版，第28页。] 罗马法上的无体财产具有抽象性，即为某种凭借人们主观所拟制的利益，可以通过金钱来衡量。无体财产权之所以不包括夫权、家长权是因为其并没有财产方面的内容。权利在罗马法上被归于制度产物，鉴于所有权与物同在所以被归为有体物之范畴，而无体财产被归为所有权之外的作为制度产品的财产权利。罗马法学家贡献在于将特殊权利视为权利标的意义之物件，这是一种开放的财产观，它使人们对客体物理解，不再拘泥于直接控制、有体存在之物。（Peter Drahos. A Philosophy of Intellectual Property. Dartmouth Publishing Company Limited. 1990. pp. 16 – 22.）

第一节 自始无主财产致害之责任归属

自始无主的财产是否存在致害责任是值得商榷的，按照现行立法规定的反面解释，对于那些凡是属于非珍贵非濒危的陆生、水生野生动物和并非有益的，无重要经济、科学研究价值的陆生野生动物的归属就不属于国家或集体所有，可成为自始无主财产。在原则上，自始无主财产因自始即从开始本身就无所有者并且不处于在任何人的支配管领的范畴之内，其本身作为一种上帝的造物，倘若造成了对他人的损害，也只能归结于自然行为并且无关于其他的法律主体，不应该由任何人来承担侵权责任。例如，一个在山中漫步的人被野生动物吓到，被绊倒在山间的石头上，被一朵玫瑰花刺伤手指，抑或是最为常见的，我们因食用了被苍蝇叮的食物而患了疾病以及被天外不明陨石坠落所砸伤。鉴于无论是深山之中的野生动物、石头、玫瑰花，还是苍蝇、老鼠等这些本身属于自始无主的财产，受害人只能自己承担由此造成的损失。

第二节 嗣后无主财产致害之责任归属

原则上自始无主的财产并不涉及侵权责任归责的问题，所以无主财产的致害原则上应当指的是嗣后无主财产①的致害。在对此问题进行探究过程中应结合2009年十一届全国人大常

---

① 鉴于因嗣后无主财产导致的损害在与侵权责任法相结合后，主要涵盖《侵权责任法》第七十四条、第八十七条以及第八十九条的部分内容。但是按照嗣后无主财产的分类，不仅包括依照当事人的意思而丧失所有的财产所谓的抛弃物，还包括非依照当事人意思而丧失所有的财物，即按照现行法的规定经由法定

委会第十二次会议表决通过的《侵权责任法》有关规定，以期达到理论与实际相结合的双赢局面。根据中国《侵权责任法》第六条规定，行为人因过错侵害了他人的民事权益应当

程序后认定为无主财产的财物。前者与侵权责任法相结合，因抛弃物导致的损害，细言之主要包括因实施抛弃高度危险财物行为后，该物致人的损害、主观基于抛弃意思从建筑物中抛掷物品或从建筑物上坠落物品致人损害、在公共道路上倾倒财物或基于明确抛弃意图遗撒妨碍通行之物品后该被倾倒的财物或遗撒物所造成的他人损害。对于后者即按照现行法的规定经由法定程序后认定为无主财产的财物是否属于"无主财产"本身就是值得商榷的，无论是《物权法》、《民法通则》、《继承法》以及相关的司法解释等对于所有权人不明的、无人继承的、放弃继承的或无人认领的财产的归属问题，都做出了类似的规定，即收归国家或集体所有。换言之，参照上述立法规定当财产所有权人不明的情况下，此种物权归属之变动系因法律事实的成就引起的，应当属法定物权变动。既然物权变动之前与之后本来按照当前立法规定系属无缝衔接，那么无主财产在上述制度解释下是否真实存在是值得深入探究的。再参照新民事诉讼法第一百九十二条规定，在当事人提出申请后，财产在法院发出的认领公告期内应理解为是被推定为属于私人所有，倘若直接确定不属于私人所有，则立法是没有必要设置这个公告程序的。当被申请的财产于公告期届满后无人认领的即判决认定为无主，与其此处用无主倒不如用法院判决为不属于任何人私有之范畴并将其收归国库，此处立法规定亦是笔者所不敢苟同的，因为从立法规定，我们可以作如下理解，申请提出后的法院公告期内，被申请财产处于被推定为属于私人所有，在公告期届满无人认领时由法院判决不属于任何私人所有即归公。鉴于前后的无缝衔接使得从当前立法中对无主财产是否存在存有疑虑。但无论是从比较法角度研究抑或是研习中国古代以及近现代法的规定，在对无主财产归属进行确定时应肯认先占取得制度，以遗失物为例，若对当前立法进行修改在公告期届满而无人认领的情形下肯认拾得人取得遗失物的所有权，则继续分析上述诉讼程序，在申请提出后的法院公告期内亦如上述认为被申请财产处于被推定为属于某个私人所有，在法院作出判决不属于特定的私人所有再将其判决归属其他私人所有，亦能解释通畅。关于无主财产归属问题在上面已经详述，本处不再赘述。本处仍是立足于当前的侵权责任法与民事诉讼法立法规定的背景下进行分析。综上所述，倘若按照当前民事诉讼法的规定，就应理解为当事人提出申请后，财产在法院发出的认领公告期内应理解为是被推定为属于私人所有，直到公告期届满被判决认定为无主财产并确定归属。因此对于所有者不明的埋藏物、隐藏物、漂流物、遗失物、无人承受的遗产等需要经过法定程序才能认定为无主财产且在认定为无主财产的同时即确定了归属，其从所有权人不明到法定为其确定所有权人之间是无缝衔接，此后的致人损害直接按照侵权责任法的规定即可，所以对于此类法律拟定的无主财产并不适用本章节规定。因此无主财产导致的损害主要是指因抛弃物导致的损害。

承担侵权责任；第七条规定，行为人侵害了他人的民事权益，不论行为人是否有过错，法律规定其应当承担侵权责任的，依照其规定。可见中国目前采纳的是二元归责原则，即过错责任原则与无过错责任原则相结合，对于嗣后无主财产致害的归责原则应根据不同情况采纳不同的归责原则即无过错责任原则以及过错推定责任原则。《侵权责任法》第九章规定的高度危险责任、第十一章的物件损害责任中皆有关于因无主财产导致的损害之零星体现，所以在分析侵权责任法法条的基础上，对因无主财产导致的损害作如下阐析和系统梳理。详言之，因无主财产导致的损害散见于《侵权责任法》[1] 第七十四条、第八十七条以及第八十九条中。

首先，因被抛弃的高度危险物质[2]所造成的损害属于无主财产致害范畴。原所有权人抛弃高度危险的物质可能基于两种原因，第一种是以故意侵权为目的而将高度危险物质抛弃以期将其作为工具来达到其侵权的目的，这不属于本章所研究的范畴，因此，下面讨论均是在原权利人主观不带有任何非法目的前提下进行；第二种即是原所有权人在主观不带有任何非法目的的前提下实施抛弃行为后因抛弃物导致的损害，这属于无主财产的致

---

[1] 侵权责任法中体现的无主财产的致害责任不包括自始无主财产致害责任，即凡是属于非珍贵非濒危的陆生、水生野生动物和并非有益的，无重要经济、科学研究价值的陆生野生动物等自始无主财产致人的损害，由受害方自己承担损害。

[2] 高度危险物：关于高度危险物的界定应与《侵权责任法》第七十二条相结合，即易燃、易爆、剧毒、放射性等高度危险物质，此条规定是源于《民法通则》第一百二十三条，即民通在规定高危责任的一般原则时将高度危险作业形式限定为包括高压、高空、高速运转工具以及易爆易燃、放射性、剧毒等高度危险作业。伴随着近年来高发的矿厂、烟花爆竹厂的爆炸，所以侵权责任法对高度危险物品致害责任加以规定是必要的。按照国家颁布的《危险货物分类和品名编号》、《危险货物品名表》、《常用危险化学品分类及标志》对易燃、易爆、剧毒、放射性物品进行了界定。如《危险货物分类和品名编号》中对危险货物进行定义，即是具有易燃、爆炸、感染、毒害、放射性、腐蚀等危险特性，易造成人身伤亡、财产损毁的物品。

害范畴。第二种具体可分为以下两种情形：（1）在商场、车站、宾馆、银行、公园、码头、机场以及娱乐场所等公共场所内存在的被抛弃的易燃、易爆、剧毒、放射性等高度危险物质所导致的损害，如果能够找到原所有权人①应由他们为其抛弃易燃、易爆、剧毒、放射性等高度危险物质行为承担责任，② 如果原所有权人无法承担③抑或是无法全部承担时，此时要看对公共场所负有管理义务的人抑或是群众性活动组织者是否尽到了安全保障的义务，若尽到了安保义务则无须承担责任；若未尽到安保义务则需要承担侵权责任。（2）在无安保义务人的场所存在的被抛弃的易燃、易爆、剧毒、放射性等高度危险物质所导致的损害，能够查明抛弃物的原所有权人的，由其承担责任，倘若无法查明的，则只能由受害人自负损失。具体结合《侵权责任法》第九章规定的高度危险责任中第七十四条的规定分析，对于因遗失或抛弃高度危险的物而给他人造成损害的由所有权人来承担侵权

---

① 既然原所有权人实施了抛弃行为，其不再是所有权人，所以此处责任主体是原所有权人。被抛弃的物为无主财产其导致的损害属于无主财产的致害毋庸置疑，而之所以在发生损害后，责任主体还寻找原所有权人，是因为他们应为其未尽到妥善管理高度危险物质义务的行为承担侵权责任，责任的承担主体与无主财产致害并无矛盾。

② 对原所有权人归责原则采无过错责任原则，详言之，即行为人实施了损害他人民事权益的行为，并非当原所有权人主观存在过错或推定有过错时才承担民事责任，即不论其主观是否存在过错，法律皆规定应当由其承担侵权责任。责任承担方式中赔偿损失的限额，法律有规定的，从其规定。此处的"法律"可以参照《中华人民共和国侵权责任法司法解释草案建议稿》第一百二十条关于高度危险责任限额赔偿中所指出的，不仅包括法律还包括行政法规以及行政法规性文件。

③ 在商场、车站、宾馆、银行、公园、码头、机场、公路以及娱乐场所等公共场所内存在的被抛弃的易燃、易爆、剧毒、放射性等高度危险物质所导致的损害主要是参照《侵权责任法》第三十七条的规定，此条所规定的是不同于平行的连带责任的补充的连带责任，只有在责任主体不能承担抑或不能全部承担责任的时候，安保义务人才承担全部或部分的侵权责任。其中责任主体无法承担既可能是其下落不明无法找到，也可能是虽能找到但其并无全部承担的能力。

的责任。这条主要规定的是遗失或抛弃高度危险财物的侵权责任,通过对本条的分析可知其规范对象包括被行为人遗失的高度危险物以及被行为人抛弃的高度危险物。结合现行法分析,遗失物的脱离占有并非是基于所有者的意思,鉴于其不是无主财产,无主财产的致害责任不应包括因高度危险物品的遗失而引发的侵权责任。抛弃物则不论抛弃物的性质与价值都属于最为典型的嗣后无主财产,如抛弃一个矿泉水瓶与为炫富在大街中央抛掷人民币的行为在本质上并无不同,都显然是基于抛弃的意图实施了抛弃行为。此外无论所有者抛弃的是何种危险物,如抛弃的是低度危险、一般危险还是高度危险的,[1] 一旦被抛弃就属于无主财产,财产性质如何不会影响其成为无主财产。有学者认为,高度危险物没有成为无主财产的可能性是因为,基于对所有权正当行使的限制,行为人是不允许抛弃高度危险物的。但笔者认为,应当将不能抛弃与不能随意抛弃加以区分,高度危险物并不是不能被抛弃,而只是应在满足法定条件和标准下实施抛弃,即不能随意被抛弃而已。如在满足环境保护法规定的排放标准下可以将气态废料排放到环境中去,因此随意对高度危险物实施抛弃行为,使其能够成为无主财产,因其导致的损害属于无主财产致害范畴。

---

[1] 结合《物权法》第九十条与《侵权责任法》第七十四条的规定可知,《物权法》第七章相邻关系中第九十条规定,不动产权利人不得违反国家规定弃置固体废物,排放大气污染物、水污染物、噪声、光、电磁波辐射等有害物质。此条规范的对象是固体废物等有害物质;《侵权责任法》在第九章规定的高度危险责任中第七十四条规定,对于因遗失或抛弃高度危险的物而给他人造成损害的由所有权人来承担侵权的责任。若所有权将高度危险的物交给其他人管理的,则侵权责任应当由管理人来承担,所有权人存在过错则与管理人承担连带的责任。这条主要规定的是遗失或抛弃高度危险财物的侵权责任,通过对本条的分析可知其规范对象是高度危险物。将两者对比可知,不论是有害物质抑或高度危险物质,都具有特殊性,并不包括作为一般物件的抛弃物、废弃物。

其次，因被行为人主观基于抛弃意思而抛掷的物品或坠落的物品所导致损害属于无主财产的致害范畴。对于因抛掷物或坠落物给他人造成损害的，如能够找到抛掷或坠落物品之人则由其为未尽妥善保管义务而肆意抛掷坠落行为承担责任，若无法确定侵权人，则受害方损害自负。详言之，参照侵权责任法在第十一章规定的物件损害责任中第八十七条规定，这条主要规定的是从建筑物中抛掷或坠落物品的侵权责任，通过对本条的分析可知其规范对象包括抛掷物以及坠落物。结合现行法进行分析，尽管抛掷物是基于实施抛掷行为人的意思而使其从建筑物中被抛出，但并不能据此推断其主观具有抛弃的意图，即抛掷者亦可具有抛弃的意图，也可不存在抛弃的意图。对于主观具有抛弃意思而从建筑物中抛掷的物品应被定性为无主财产，则由其造成的损害属于无主财产的致害范畴；如某人将一西瓜皮从建筑物中抛掷出去，则应认定其具有抛弃之意图。倘若是主观不具有抛弃意思而从建筑物中抛掷的物品，因本身不属于无主财产，其致害责任亦不是本章所研究的对象。对于坠落物而言，其与抛弃物是存在不同之处，主要体现在以下三个方面，其一，从物理学的角度而言，坠落物是基于地心引力以自由落体的方式坠落在地，其行走轨迹是垂直的；而由于抛掷物在水平作用力和重力共同作用下，行走轨迹是抛物线形式。其二，从是否因人为因素导致抛落角度而言，坠落物之坠落不仅存在人为原因，还可能是源于自然原因；就抛掷物本质而言，其是基于行为人之抛掷行为而从建筑物中飞出。其三，从与建筑物的关系而言，坠落物既可以是其他物品，也可以本身为建筑物之成分或者从物，但抛掷物通常情况下本身并不构成建筑物之成分或是从物。尽管坠落物与抛掷物存在差异，但有一点与抛掷物雷同，即坠落物可能有主，亦可能无主。从建筑物中发生物品之坠落，既可能是基于人为的原因，也可能是因自然原因，如毛毯从建筑物中发生坠落，可能是源于夫妻打架使其坠落的，亦可能是被风吹掉的，但一般情况下不论原因应推定其为有主财产。再如，因建筑物年久失修而坠落一块外墙皮，根据民法原理坠落之墙皮在与原建筑物脱离后成为独立物并归原物所有者享有，鉴于此墙皮并无价值可推定其所有者具有抛弃意图并可认定属于无主财产。

最后，因被倾倒在公共道路上的财物或被明确基于抛弃意图遗撒妨碍通行之物品导致的损害属于无主财产致害范畴。对于在公共道路①上倾倒②妨碍通行的财物③或基于抛弃意思遗撒的财物致人损害的，侵权责任应由有关的单位或个人承担，即在公共道路上倾倒财物或基于明确抛弃意图遗撒妨碍通行财物之自然人、法人以及负有管理公共道路职责的自然人、法人。负有管理公共道路职责的自然人、法人在赔偿受害人损失后，

---

① 《侵权责任法》在第十一章规定的物件损害责任中第八十九条仅仅是规定了在公共道路上堆放、倾倒或是遗撒妨碍通行之物品的致害责任。关于公共道路如何界定在此条中并无体现，笔者认为《侵权责任法》第八十九条中所指的公共道路不仅包括《中华人民共和国公路法》中关于公路的定义，即第一章第二条第二款规定，本法所指称的公路包括公路桥梁、公路渡口、公路隧道。还包括《中华人民共和国道路交通安全法》第八章附则第一百一十九条中关于道路的定义，即道路是指公路、城市道路以及虽属于单位管辖范围内但却允许社会机动车通行之地方，包括公共停车场、广场等适用于公共通行之场所。此外，人行道、建筑规划区内允许非特定的公众通行的但属于小区内业主共同共有的道路也皆在此范围内。

② 侵权责任法第八十九条所规定的因在公共道路上堆放、倾倒、遗撒妨碍通行物品不仅对他人正常使用公路造成影响，还对他人安全构成潜在威胁。正如中国《公路法》第四十六条规定，任何单位、个人都不允许在公路以及公路用地之范围内实施摆摊堆放、挖沟引水、设置障碍、倾倒垃圾、利用公路沟边排放污物以及实施其他污染公路之行为。

③ 所谓妨碍通行之财物既可以是指固态物，如倾倒垃圾，也可以是倾倒液态或气态物，如向道路排水、散发大量蒸汽等。

有权向应承担侵权责任的倾倒人、遗撒人追偿。如某人冬天在公共道路上倾倒垃圾水，其结冰后造成行人滑倒受伤，则应由倾倒人承担侵权责任，但能够证明自己没有过错的不承担责任。细言之，参照侵权责任法在第十一章规定的物件损害责任中第八十九条规定，其采用的是过错推定责任，[①] 对于在公共道路上堆放、倾倒或是遗撒妨碍通行之物品而给他人造成损害的，由有关的单位或是个人承担侵权责任。通过对本条的分析可知其规范对象包括堆放物、倾倒物、遗撒物，结合现行法进行分析，对于堆放物而言，由于其按照通常理解应为某行为人故意实施的行为，例如，在公共道路上堆放沙石泥土或将粮食晾晒在公路上的行为，由于行为人主观具有占有的意思而客观实施堆放行为，因而堆放物一般为有主财产而并非无主财产。倾倒物在现实生活中容易产生与堆放物重叠的情形，如行为人倾倒物品是为了堆放，但笔者认为既然《侵权责任法》第八十九条将堆放物与倾倒物并列作为规范对象，则可以认为无论倾倒物以何种形式存在，以散铺在地上的形式抑或以堆放的形式，倾倒物与堆放物都不能等同。既然上面分析堆放物并非无主财产，而对于倾倒物而言，如在公路上堆积的垃圾，尽管外形类似堆放物，但可以推知行为人基于放弃所有权的意思而实施的倾倒行为，所以其通常情况下应认定为无主财产。对于遗撒物而言，

[①] 最高院书籍与杨立新教授关于《侵权责任法》第八十九条中的责任主体是承担过错推定责任抑或无过错责任各抒己见。此外还有学者认为，既然第八十九条的责任承担主体不仅包括实际实施倾倒、遗撒侵权行为之自然人或法人，还包括负有对公共道路管理责任的自然人或法人，那么对于行为人适用无过错责任原则，对于管理单位适用过错推定责任原则。笔者认为，尽管从第八十九条中并不能看出是否承担过错推定责任，若采纳上述学者之观点就会将此法条置于适用两种归责原则的尴尬境地。况且此行为与高度危险行为就危害性上还是存在差别的，适用过错推定亦是合乎情理的，所以鉴于此，应采纳杨立新教授提出的过错推定责任。

主要是根据所有者主观是否具有抛弃的意图来确定是否为无主财产。倘若所有者在主观具有抛弃的明确意图下实施的遗撒行为，则应将遗撒物认定为无主财产；倘若无法确定行为人主观是否具有抛弃意图时，则应综合考量物的价值、性质等因素进行推定，若综合上述因素还不能确定，应先推定为有主财产。例言之，若行为人遗撒物为数量不大的泥土，则可认为其具有抛弃的意图；若遗撒的是珍稀矿石，则不能轻易确定其具有抛弃意图，应将其认定为有主财产。

综上所述，本章是在侵权责任法所限定物的框架之下进行的研究，鉴于无主的无体财产[①]因其非属于物理之物而被侵权

[①] 在大陆法系国家，法国民法典在传承罗马法观点的基础上将无体财产归为动产之一，如1804年的《法国民法典》在其第529条中作如下规定，"以请求偿还到期款项或动产为目的的债权及诉讼，按法律规定均为动产。"《拉鲁斯大百科全书》的观点是，所谓物即是可据为己有并能作为财产的一部分的财富，不仅包括可被感知且具有实体存在的动产与不动产，还包括经由人们主观拟制无实体存在的与物有关的各种权利（如用益权、债权）以及与物无关的在现实生活中普遍存在的并经常获得更新的其他权利，如著作权、工业产权等。（屈茂辉：《关于物权客体的两个基础性问题》，法律教育网 http：//www.110.com/ziliao/article-10719.html，2013年3月5日。）再来采用广义物主义来解释物之外还延有意大利，其民法典第810条作出如下规定，财产包括所有的可以成为权利客体之物品。奥地利民法第292条规定，根据性质差异可将财产分为有体财产与无体财产。但1896年的《德国民法典》第90条否认罗马法关于物的分类并基于物必有体的理念，认为在法律上所指称的物仅限于有体物，不包括特定财产权利作为指向的无体物。但这仅是针对物权法而言，其无论是民事诉讼法中的执行对象抑或是债法编中的物不仅包括有体物，还包括无体物。日本1898年实施的民法典于其第85条规定，本法所指称之物为有体物。尽管大多大陆法系国家采上述观点，但日本学术界仍有学者主张应当扩张解释民法上的物，使所有权的客体不仅包括有体财产，还包括无体财产。综观中国民法对财产概念的适用也不尽相同，在《民法通则》中第五章第一节规定的"财产所有权和与财产所有权有关的财产权"，其中的财产指的是有体物，而在《继承法》第三条规定的遗产是公民死亡时遗留的个人合法财产，此财产不仅包括有体财产还包括无体财产。罗马法受限于当时的生产力水平以及人类认识程度，将"体"局限于"形"，即实体性作为物之要件，有体物仅仅指有形物。但是"体"不等同于"形"，正如郑玉波先生认为，随着科学发展，时至今日，对于扩张物之范畴，物之范围亦应包括自然力，故而对于有体之解释，亦不必再斤斤计较于有形。（郑玉波：《民法总则》，台湾三民书局1959年版，第186—187页。）

责任法排除在外，关于无主财产致害之责任归属不仅应在侵权责任法中有明确的立法体现，在未来的民法典中对其进行规定亦是不容忽视的。

结　　论

中国未来民法典规定无主财产制度具有理论、制度和现实之必要性。

首先，中国未来民法典规定无主财产制度既在认识论上存在创新之处又体现了完善中国所有权理论体系进而完善财产法理论体系的迫切要求。通过梳理历史脉络，发现"无主财产"是一个古老的民法概念和制度主题，中国封建法制虽未明确使用该概念，但自"西法东渐"、罗马法制度传统进入中国以来，学者们即在引介和研究该制度。尽管就海峡两岸的民法学教科书来看，没有任何一本体系化的民法教科书不涉及该制度，似乎在此意义上看来对无主财产进行理论研究并无"新意"。但是仅仅在教科书中对某项制度进行"阐释"，还不能算是对该项制度已经展开研究，更不能说是已经展开了深入研究；只有当就某问题研究已经出现了大量的"点"的意义上的专题研究文章，并且在"点"的基础上出版了"面"的意义上的体系化的专论著作，才能算是对某问题已有了较深入的体系化研究。而就中国的研究现状来看，关于无主财产问题，既无大量的专论文章发表，亦无体系化的专论著作出版，因而还不能说已经对该问题展开了较好的、体系化的、深入的理论研究。在此理论意义上，对无主财产制度进行研究还是有其认识论上的"创新"之处的。详言之,现行的民法理论并未深入研究无主财产的法律归置问题,继而并未在此题域上形成系统全面的理论,但既然无主财产系属于财产法领域中的所有权问题,即有研究之必要与价值。通过查阅现有的所有权理论成果,限于中国现行所有权制度现状所决定的所有权理论以有主财产为核心,并没有将无主财产作为一个专门的题域展开研究,这使得无主财产仍处在所有权理论体系中的附属地位。既然财产所有本应由有主与无主两部分构成,所以中国未来民法典给予有主财产与无主财产以平行的关注与研究,是必要亦是必须的。足见,中国未来民法典对无主财产法律问题进行规定不仅是认识论上的创新,更体现了所有权理论体系之完善,进而完善财产法理论体系的迫切要求,在理论层面上具有必要性。

其次,中国未来民法典规定无主财产制度体现了制度解释与制度构建的需求。综观中国现行立法,对无主财产进行制度构建首先需要对现行制度进行解释,即"现行法上是否存在无主财产",对此问题探究并非无稽之谈,倘若认定存在无主财产,那么就要为其存在寻求制度解释的依据。通过对中国所有制的分析,宪法分别于第十二条、第十三条将财产分为公共财产与私有财产,物权法继而基于此将所有权划分为国家、集体以及私人所有权。通过对宪法第九条分析可知,自然资源即便处在未被占用的状态,其也并非是无主财产,所有的自然资源按照宪法规定若不属于国家所有,则是属于集体所有,但自然资源并非等同于自然之物,理由已如上面所述,自然之物仍可成为自始无主财产。此外,按照《物权法》、《民法通则》抑或《继承法》以及相关的司法解释规定,当私有财产失去所有权人时,参照上述立法规定,此种物权变动系因法律事实的成就引起的,所以属法定物权变动,则问题由此而生。既然物权变动之前与之后按照当前立法规定系属无缝衔接，那么无主财产是否在当前制度解释下真实存在是值得深入探究的。有学者提出，既然中国民事诉讼法于第十五章特别程序第五节规定了认定财产无主案件的程序，这即说明中国立法承认无主财产之存在。但是笔者在结合实体法与程序法共同分析的基础上认为，并不能因为民事诉讼法规定认定财产无主的案件并以此为依据，认为通过对中国现行法的解读继而在解释论上认定中国立法是承认无主财产存在的。与中国类似，从比较法层面而言，法国民法典第539条、第713条也否认存在无主财产，并认为无主财产归于国家。但其通说认为，对于立法规定的无主财产归于国家其针对的应当是不动产，但还存在无主的动产，如抛弃物、野生的动植物等。基于此，无论是从比较法的角度抑或中国现行法角度虽不能推出存在无主财产，但亦不能否认无主财产的现实存在。笔者认为，之所以在制度解释层面不能得出中国现行法存在无主财产，主要是因为无主财产与先占制度结合在一起，而立法者否认先占取得作为取得所有权方式之一，即财产不归私有即归公有。尽管立法如此规定也不能否认无主财产的现实存在以及先占作为一项习惯在现实生活中发挥的作用。既然相关资料已经显示国家默许先占制度，那么无主财产作为先占的对象存在于社会生活中是毋庸置疑的，所以有进行制度构建之必要。虽然民事诉讼法就无主财产归属作出规定，但立法之合理性问题并非因其系权威机关之制定而不受质疑。现行法关于无主财产归属之规定恰是本书研究的规范基础，对现行法无主财产归属问题进行研究体现制度解释之需求。此外，对制度全面深入的解释亦为后续立法论奠定了夯实的基础。既然未来制定统一的民法典早已纳入立法计划和日程，那么中国未来的民法典中如何设计无主财产的归置规范就是一个非常现实的立法问题。可以断言的是，中国未来民法典应就"有主财产"与"无主财产"的归属、利用、保护等都作出明确的一般性规定，这是科学的也是符合规范实际的立法选择。既然如此，中国未来民法典应对无主财产法律问题进行规定，尤其是对无主财产的归属与处置作出一般性明确规定。足见中国未来民法典对无主财产法律问题进行规定不仅是符合规范实际的立法选择，更体现了制度解释与制度构建的需求。

最后，中国未来民法典规定无主财产制度具有现实意义。在现实生活中，无主财产的存在俨然已成为一个制度现实，在财产法制度里归属、利用与保护这三大宗旨中，归属无疑是后续利用与保护的前提和基础，即产权界定为财产法追求的首要制度目标。而归属问题，又无非包括两个方面，即有主和无主。在理论和立法实际中，不仅应对有主财产利用与保护作出规定，对于无主财产归属与处置亦不能荒废。但事与愿违，学者、立法者更多地关注对有主财产的研究与规制，却偏废了对无主财产的研究与规制。究其原因，可能缘于认为无主财产量少而价菲，因而在财产法的研究与规制中并不占有很大的分量。但实则不然，这里显然存在着认识上的误区。从"量"的层面分析，就中国目前的实际来看，无主财产在"量"上也绝非少数。无主财产包括自始无主财产和嗣后无主财产两大类。自始无主的财产，如根据《物权法》第四十九条规定的反面解释，凡是法律未规定属于国家所有的动植物资源就不属于国家所有也不属于集体所有；此外根据《野生动物保护法》第二条[①]与第三条

[①]《野生动物保护法》第二条规定："本法规定保护的野生动物，是指珍贵、濒危的陆生、水生野生动物和有益的或者有重要经济、科学研究价值的陆生野生动物。本法各条款所提的野生动物，均系指前款规定的受保护的野生动物。"第三条规定，"野生动物资源属于国家所有。"

的反面解释，凡是属于非珍贵非濒危的陆生、水生野生动物和并非有益的或者无重要经济、科学研究价值的陆生野生动物的归属就不属于国家或集体所有。非属于国家明令保护动物目录中记载的野生动物不属于国家所有，易言之，不属于公有。既然不属于公有，那就意味着可以私有，而私有主体是多数主体，因而这里就存在一个财产归属的界定问题；在未作出明确的界定之前，这样的野生动植物即处于法律上的无主状态，成为先占的客体，而此类自然的、自始的无主财产在量上显然并非少数。就嗣后无主的财产而言，凡是所有人不明的或经法定程序而无人认领的遗失物、埋藏物、隐藏物、漂流物、无人继承的遗产等，都属于嗣后无主财产，此类物在量上也是巨大的。不论从自然的角度还是社会的角度来看，嗣后无主财产的量都是有增无减。如2008年5月12日与2010年4月14日，中国先后经历了四川汶川8级和青海玉树7.1级两次大地震，这样的天灾地变导致大量的人员伤亡，从而必然导致大量的无主财产的出现。再如，中国计划生育政策已厉行了近三十年，如果现行的继承法不通过修法的方式扩大法定继承人的范围，其实施的结果必将导致无人继承的无主财产越来越多。由上可见，无主财产在量上并非少数。从价的层面分析，"价"是用金钱衡量的财产价值和价格。在当今社会存在的无主财产价值不菲。无主财产包括无主动产、无主不动产等，而这些财产的价值都是可大可小的。传统的认为无主财产价值不大的观点，更多的是就无主动产而言的，如《法国民法典》认为，动产是不能够长久存在的且本身具有较低的价值，不动产乃是长期存在的贵重的并且能够产生收益之财产。[①] 单就动产而言，事实也非如此，如

---

① 尹田：《法国物权法》，法律出版社1998年版，第85页。

果说无主的一只矿泉水瓶价值很小，那么同为动产而无主的一只金戒指就价值不菲，根本就不存在因"有主"还是"无主"的价值差别问题。由此可见，未来民法典应对无主财产法律问题进行规定不仅是因为当今社会无主财产价值的增加，更因为现实中无主财产的大量存在。天灾地变导致大量的人员伤亡，严重的自然灾害使得财产的事实与法律状态处于混乱之中，无主财产在现实中客观存在。财产失去所有权人之后，如何确定法律归属不仅涉及相关权利人利益之保护，更关系到社会的秩序与稳定，不容忽视。足见中国未来民法典对无主财产法律问题进行规定具有积极的现实意义。综上所述，中国未来民法典规定无主财产制度兼具理论、制度与现实之必要性。既然中国统一民法典的制定已经纳入立法规划和立法计划，在未来的民法典中应就无主财产认定、归属、致害等作出明确的一般性规定，这是科学的也是符合规范实际的立法选择。

在任何具体的个案之中，如若立法让位于不可为人们预测的偶然因素和法官的自由裁量，则司法之运作必然会堕落至一个可以想象的最为恶劣的状况，而人们亦是会普遍地感受到这一危害的结果，所以有必要在中国未来民法典中对无主财产的归置规范进行设计。详言之，未来民法典的编纂体例，参照域外法主要有两种，一种是罗马式的三编体例，即人法、物法、诉讼法；法国民法典在继承此体例的基础之上有所变通，即分为人法、财产以及对所有权的各种限制、财产取得的方法，其排除了诉讼法。另外一种是德意志式的五编体例，即总则、债权、物权、亲属、继承。按照当前民法通说认为，潘德克吞式的体例优于法国式的三编体例，所以大多数国家即是采纳潘德克吞式的五编体例或有所变通。笔者认为，中国未来民法典应在采纳德意志式的五编体例的基础上，分为总则、物权法、合同法、人格法、亲属法、继承法、侵权法七编。其中物权主要是在大陆法系上存在的概念，并不存在于英美法系之中，在英美法系主要是在财产法中规定与物权相关的内容。伴随着当今经济的迅速发展所带来活跃的财产流通，如何在未来民法典中对无主财产进行规定已然成为大陆法系国家所亟待解决之问题。详言之，主要体现为以下三个方面：

第一，无主财产认定规范之设计。1. 自始无主财产认定的条件。（1）一般规定：凡是法律未规定属于国家所有的动植物资源在归属确定之前属于无主财产；（2）具体规定：凡是属于非珍贵非濒危的陆生、水生野生动物和并非有益的或者无重要经济、科学研究价值的陆生野生动物在归属确定之前属于无主财产；2. 嗣后无主财产认定的条件。（1）抛弃物认定的条件：原所有权人主观具有抛弃的意思、客观实施了抛弃动产的行为；（2）所有权人不明的埋藏物、隐藏物认定条件：行为人主观具有埋藏或隐藏动产的意思、客观实施了将动产埋藏或隐藏于不动产之中的行为、所有权人下落不明或已然消失、公示期限届满无人认领；（3）无人认领的遗失物认定条件：行为人主观不具有丧失所有的意思、客观实施遗失动产的行为、所有权人下落不明或已然消失、公示期限届满无人认领；（4）无人继承且无人受遗赠动产遗产认定条件：原动产所有权人死亡、动产无人继承且无人受遗赠、公示期限届满无人认领；（5）一般无主不动产认定条件：原所有权人主观具有放弃所有权的意思、客观实施了注销不动产所有权登记的行为、公示期限届满无人认领；（6）无人继承且无人受遗赠不动产遗产认定条件：原不动产所有权人死亡、不动产无人继承且无人受遗赠、公示期限届满无人认领；3. 无主财产认定的程序。(1)无主财产认定的一般程序：所有权人不明的埋藏物、隐藏物，无人认领的遗失物可参照物权法的规定向公安等有关部门递交并由其发出公告且在期限届满无人认领时认定此财产无主，也可参照民事诉讼法关于处理认定财产无主案件的规定，实行一审终审且独任审理，但重大疑难案件除外，在人民法院受理财产无主的申请并发出财产认领公告，法院在公告期满一年无人认领时，自期满后三十日内审结作出判决认定财产无主，有特殊情况需要延长的，由本院院长批准。无人继承且无人受遗赠的遗产无论是动产或不动产以及其他无主不动产应参照民事诉讼法关于处理认定财产无主案件的规定进行认定；(2)无主财产认定的具体程序：其一，所有权人不明的埋藏物、隐藏物认定为无主财产具体程序：发现人在他人所有的财产中发现埋藏物、隐藏物可通过两种程序认定财产无主。a. 发现人自发现之日起 7 日内将埋藏物、隐藏物送交公安等有关部门处理，公安等有关部门收到后应发出 6 个月的招领公告，对于不具有特殊价值的埋藏物、隐藏物在招领期限内无权利人前来认领于期限届满时认定为无主财产；对于具有特殊价值主要是指文物价值的埋藏物、隐藏物在招领期限内无权利人前来认领于期限届满时认定为无主财产；b. 发现人在他人所有的财产中发现埋藏物、隐藏物时可以向财产所在地的基层法院提出申请并在其申请书中写明埋藏物、隐藏物的数量、种类以及申请认定的依据。基层法院在受理申请后，经审查认为财产有主或申请不符合条件，作出驳回申请裁定，申请合乎条件则立案受理，经审查核实应当发出财产认领公告，有人在公告期间提出请求，基层法院应裁定终结特别程序，公告满一年无人认领，在期满后三十日内审结作出判决认定财产无主。但原财产所有人或继承人在判决认定财产无主后出现，在民法通则规定的诉讼时效期间内可以对财产提出请求，法院在审查属实后，应当作出新判决，撤销认定财产无主的判决。其二，遗失物认定为无主财产具体程序：遗失物可通过以下两种程序认定财产无主。a. 拾得人自拾得遗失物之日起 7 日内将遗失物送交公安等有关部门处理，公安等有关部门收到遗失物后可以发出 6 个月的招领公告或者在当地广泛流通的报纸上发出 3 次寻找失主的公告，每次间隔时间为 30 天，对于价值不超过 100 元的遗失物只需公告 1 次，倘若遗失物具有易腐易坏或保管费用昂贵特性，拾得人可以在向公安等有关部门报告后进行公开拍卖并由公安等有关部门对拍卖所得的价金进行公告；招领公告应当载明遗失物的数量、种类、拾得日期、拾得地点，在招领公告期限内或自报纸上最后发出公告起 3 个月内无权利人前来认领的则于期限届满时认定为无主财产；b. 拾得人向财产所在地的基层法院提出申请并在其申请书中写明遗失物的数量、种类以及申请认定的依据。基层法院在受理申请后，经审查认为财产有主或申请不符合条件，作出驳回申请裁定，申请合乎条件则立案受理，审查核实应当发出财产认领公告，有人在公告期间提出请求，基层法院应裁定终结特别程序，公告满一年无人认领，在期满后三十日内审结作出判决认定财产无主。但原财产所有人或继承人在判决认定财产无主后出现，在民法通则规定的诉讼时效期间内可以对财产提出请求，法院在审查属实后，应当作出新判决，撤销认定财产无主的判决。其三，动产遗产认定为无主财产具体程序：在继承开始以后继承人是否存在并不确定时，由利害关系人包括被继承人生前所在的单位、所在地的居民委员会、村民委员会、债权人、银行等向财产所在地的基层法院提出申请并在其申请书中写明遗产的数量、种类以及申请认定的依据。基层法院在受理申请后，经审查认为存在遗产承受人或申请不符合条件，作出驳回申请裁定，申请合乎条件则立案受理，审查核实应当发出财产认领公告，有人在公告期间提出请求，基层法院应裁定终结特别程序，公告满一年无人认领的，在期满后三十日内审结作出判决认定财产无主。但遗产承受人在判决认定财产无主后出现，在民法通则规定的诉讼时效期间内可以对财产提出请求，法院在审查属实后，应当作出新判决，撤销认定财产无主的判决。其四，不动产认定为无主财产具体程序：利害关系人向财产所在地的基层法院提出申请并在其申请书中写明不动产的数量、种类以及申请认定的依据。基层法院在受理申请后，经审查认为财产有主或申请不符合条件，作出驳回申请裁定，申请合乎条件则立案受理，审查核实应当发出财产认领公告，有人在公告期间提出请求，基层法院应裁定终结特别程序，公告满一年无人认领的，在期满后三十日内审结作出判决认定财产无主。但原财产所有人或继承人在判决认定财产无主后出现，在民法通则规定的诉讼时效期间内可以对财产提出请求，法院在审查属实后，应当作出新判决，撤销认定财产无主的判决。对于无人承受的不动产遗产参照无人承受的动产遗产成为无主财产的认定程序进行认定。

第二，无主财产归属规范之设计。1. 无主动产归属之一般规定：无主动产采先占自由主义，占有无主动产的人取得该财产的所有权。（1）先占人的范围：一般民事主体先占取得与社会公共利益无紧密联系的无主动产，一般民事主体不能先占取得与社会公共利益存在紧密联系的无主动产，但保障先占人的占有权利，国家会以一定对价对此类无主动产进行赎买。（2）先占人先占的对象：自始未设定权利的野生动植物、抛弃物、无人认领的埋藏物、隐藏物、无人认领的遗失物等；其一，自始无主的野生动植物、抛弃物、捕获的野生动物或驯服的野生动物、逃出蜂箱的蜜蜂在恢复自然状态后可为一般民事主体先占取得；其二无人认领的埋藏物、隐藏物的归属：发现人在自己所有的财产中发现埋藏物、隐藏物，则归属于发现人自己所有；若发现人在他人所有的财产中发现埋藏物、隐藏物，可以选择送交公安等有关部门①处理，公安等有关部门收到后应发出6个月的招领公告，在招领期限内无权利人前来认领，埋藏物、隐藏物如果具有特殊价值主要是指文物价值，包括具有考古、美术、古生物学、历史等价值，文物保护法等法律另有规定的依照其规定，则发现者不能基于先占取得，在扣除必要保管费用后由国家取得所有权，但发现人可以获得相应奖金；无人认领的埋藏物、隐藏物如不具有考古、美术、古生物学、历史等价值，在扣除必要保管费用后由发现人取得1/2埋藏物、隐藏物的价值，剩下1/2价值归财产所有权人所有。其中埋藏物、隐藏物是指所有掩埋或隐藏于不动产之中并且所有权人不明的动产，在坟墓中的动产不在此列。发现人是指第一个使埋藏物、隐藏物显露或是部分显露出来的人；其三，无

---

① 发现人在他人所有的财产中发现埋藏物、隐藏物时，其是否属于文物并不影响其定性，只是影响其归属而已。除了可以选择送交公安等有关部门外，还可以向财产所在地的基层法院提出申请并在其申请书中写明财产的数量、种类以及申请认定的依据。基层法院在受理申请后，经审查核实应当发出财产认领公告，公告满一年无人认领的，在期满后三十日内审理作出判决认定财产无主，此无主财产如果具有特殊价值主要是指文物价值，文物保护法等法律另有规定的依照其规定，则发现者不能基于先占取得，其所有权归属国家，但发现人可以获得相应奖金；此无主财产如若不具有特殊价值，发现人取得1/2埋藏物隐藏物的价值，剩下1/2价值归财产所有权人所有。但原财产所有人或继承人在判决认定财产无主后出现，在民法通则规定的诉讼时效期间内可以对财产提出请求，法院在审查属实后，无论埋藏物隐藏物是否具有文物价值，皆应当作出归原财产所有人或继承人的新判决，撤销认定财产无主的判决。

人认领的遗失物的归属：拾得人在拾得遗失物后可以送交公安[①]等有关部门处理，公安等有关部门收到遗失物后可以发出6个月的招领公告或在当地广泛流通的报纸上发出3次寻找失主的公告，每次间隔时间为30天，其中价值不超过100元的遗失物只需公告1次。遗失物若易腐易坏或保管费用昂贵，拾得人可以在向公安等有关部门报告后进行公开拍卖并由公安等有关部门对拍卖所得的价金进行公告，招领公告应当载明遗失物的数量、种类、拾得日期、拾得地点，在招领公告期限内或自报纸上最后发出公告起3个月内无权利人前来认领，无人认领的遗失物于期限届满时由拾得人在支付公安等有关部门必要保管费用后取得遗失物的所有权或拾得人亦可以主张对遗失物进行拍卖并在扣除必要保管费用后获得剩余价金。若依照上述规定有权获得遗失物所有权的拾得人具有下列情形之一：a. 向公安等有关部门表示放弃取得遗失物所有权的权利；b. 在招领公告限期届满或自最后公告之时起3个月届满为起点2年内没有主张权利的，遗失物的所有权抑或拍卖所得的价金由国家取得。拾得漂流物或失散饲养的动物参照拾得遗失物的有关规定。（3）先占人取得所有权的条件：主观要件与客观要件，主观要件包括以所有的意思实施占有；客观要件包括占有的标

[①] 拾得人除了可以选择送交公安等有关部门外，还可以向财产所在地的基层法院提出申请并在其申请书中写明遗失物的数量、种类以及申请认定的依据。基层法院在受理申请后，经审查核实应当发出财产认领公告，倘若遗失物具有易腐易坏或保管费用昂贵的特性，受理拾得人申请后进行公开拍卖并对拍卖所得价金进行公告，公告满一年无人认领的，在期满后三十日内审结做出判决认定财产无主并归拾得人所有。但原财产所有人或继承人在判决认定财产无主后出现，在民法通则规定的诉讼时效期间内可以对财产提出请求，法院在审查属实后，应当做出一半遗失物的价值或价金归拾得人所有，另外一半归财产所有人或继承人所有的新判决，撤销认定财产无主的判决。

的物为非禁止先占的无主财产、占有的标的物为动产、自主占有、不对他人独占先占权构成侵犯；（4）先占原则的排除适用：a. 法律禁止先占的无主动产，具体包括立法明定为国家所有的财产、自然人的尸体、法律明定禁止公民持有或流通的财产；b. 与社会公共利益存在紧密联系的无主动产；c. 实施占有对他人独占先占权构成侵犯；d. 无人继承又无人受遗赠的动产遗产。2. 无主不动产归属①之具体规定：利害关系人向财产所在地的基层法院提出申请，基层法院在受理申请后应当发出财产认领公告，公告满一年无人认领的，在期满后三十日内审结作出判决认定财产无主并被无主财产公益基金进行托管。但原财产所有人或继承人在判决认定财产无主后出现，在民法通则规定的诉讼时效期间内可以对财产提出请求，法院在审查属实后，应当作出归原财产所有人或继承人所有的新判决，撤销认定财产无主的判决。对于无人承受的不动产遗产归属之确定参照无人承受的动产遗产的有关规定。3. 特殊类型的无主动产归属之具体规定：特殊类型无主动产指无人承受的动产遗产，包括被继承人死亡后没有继承人、虽有继承人受遗赠人但其主动放弃继承权或拒绝受遗赠、丧失继承权、被继承人通过遗嘱的形式对全部继承人的继承权予以取消；遗嘱仅仅

---

① 对于无人承受的不动产遗产除可依照认定财产无主案件的规定确定归属，在结合地震所带来实际问题的同时，笔者认为对于地震后的不动产也可以通过下述程序确定归属。即在地震发生之后，在城市的由政府依职权在集齐不动产登记簿的记载、国务院抗震救灾指挥部的死亡统计、当地公安机关的户籍记录的基础上发出 6 个月的公告，在公告期满无权利人前来主张权利则认定为无主财产并被无主财产公益基金进行托管。在农村由政府或集体经济组织依职权在集齐集体组织关于不动产的相关记录、国务院抗震救灾指挥部的死亡统计、户籍记录的基础上发出 6 个月的公告，在公告期满无权利人前来主张权利则认定为无主财产并被无主财产公益基金进行托管。

涉及部分财产的处分而对于未处分的部分无人继承且无人受遗赠。在继承开始后而继承人不明时，由利害关系人包括被继承人生前所在的单位、所在地的居民委员会、村民委员会、债权人、银行等向财产所在地的基层法院提出申请，基层法院在受理申请后应当发出财产认领公告，公告满一年无人认领的，在期满后三十日内审结作出判决认定财产无主并被无主财产公益基金进行托管。但遗产承受人在判决认定财产无主后出现，在民法通则规定的诉讼时效期间内可以对财产提出请求，法院在审查属实后，应当作出归遗产承受人的新判决，撤销认定财产无主的判决。

第三，无主财产致害责任之设计。1. 在商场、车站、宾馆、银行、公园、码头、机场以及娱乐场所等公共场所内发生被抛弃的易燃、易爆、剧毒、放射性等高度危险物质所导致的损害。（1）能够查明原所有权人且其具备全部赔偿能力，由原所有权人承担无过错责任；（2）无法查明原所有权人且安保人尽到安全保障义务，安保人不承担责任，损害自负；（3）无法查明原所有权人且安保人未尽到安全保障义务，[①] 安保人承担补充责任；（4）原所有权人不具有全部承担能力且安保人未尽到安全保障义务，原所有权人承担无过错责任，安保人承担补充责任；（5）原所有权人不具有全部承担能力且安保人尽到安全保障义务，原所有权人承担无过错责任；在上述特殊场所外即无安保义务人的场所发生被抛弃的易燃、易爆、剧

[①] 未尽到安全保障义务标准的确定参照《侵权责任法司法解释》草案建议稿内容，根据四个标准进行综合认定，即损害行为或者风险之来源以及强度、负有安全保障义务之人是否获得利益、负有安全保障义务之人所具有的防范和控制危险、损害的能力以及受害方参加社会活动、经营活动的具体情况。未尽到安全保障义务之人按照其过错的程度以及行为之原因力来对补充赔偿之范围进行确定。

毒、放射性等高度危险物质所导致的损害，能够查明原所有权人，由原所有权人承担无过错责任；无法查明原所有权人，损害自负。2. 主观基于抛弃意思从建筑物中抛掷物品或从建筑物上坠落物品后，因抛掷物或坠落物导致的损害，由抛掷或坠落物品之人承担民事责任，难以确定具体侵权人的，损害自负。3. 在公共道路上倾倒财物或基于明确抛弃意图遗撒妨碍通行之物品所造成的损害，倾倒人、遗撒人及负有对公共道路管理职责的自然人或法人不能证明自己没有过错的，应当承担侵权责任。负有对公共道路管理职责的自然人或法人在赔偿后，有权向应当承担责任的倾倒人、遗撒人追偿。若倾倒人、遗撒人及负有对公共道路管理职责的自然人或法人能够证明自己没有过错的，损害自负。

参考文献

一　中文论著

[1]　陈朝壁：《罗马法原理》，法律出版社2006年版。
[2]　龙卫球：《民法总论》，中国法制出版社2002年版。
[3]　江平：《民法学》，中国政法大学出版社2002年版。
[4]　梁慧星：《中国物权法研究》，法律出版社1998年版。
[5]　梁慧星、陈华彬：《物权法》，法律出版社1997年版。
[6]　魏振瀛：《民法学》，北京大学出版社2000年版。
[7]　陈华彬：《民法总论》，中国法制出版社2011年版。
[8]　张文显：《法哲学通论》，辽宁人民出版社2009年版。
[9]　张文显：《法理学》，高等教育出版社、北京大学出版社1999年版。
[10]　曾宪义：《中国法制史》，北京大学出版社2000年版。
[11]　杨立新：《人身权法论》，中国检察出版社1996年版。
[12]　郑玉波：《民法总论》，台北三民书局1979年版。
[13]　王利明：《物权法论》，中国政法大学出版社1997年版。
[14]　王利明：《民法》，中国人民大学出版社2000年版。
[15]　胡长清：《中国民法总论》，中国政法大学出版社1997年版。

[16] 龙卫球：《民法总论》，中国法制出版社 2002 年版。

[17] 钱玄等：《周礼》，岳麓书社 2001 年版。

[18] 王泽鉴：《民法物权》（第 1 册），中国政法大学出版社 2000 年版。

[19] 孙国华、沈宗灵：《法学基础理论》，法律出版社 1982 年版。

[20] 彭万林：《民法学》，中国政法大学出版社 1997 年版。

[21] 梁慧星：《中国物权法草案建议稿》，社会科学文献出版社 2000 年版。

[22] 杨春福：《法理学》，清华大学出版社 2009 年版。

[23] 梅仲协：《民法要义》，中国政法大学出版社 1998 年版。

[24] 史尚宽：《物权法论》，中国政法大学出版社 2000 年版。

[25] 史尚宽：《民法总论》，中国政法大学出版社 2000 年版。

[26] 高富平：《物权法原论》，中国法制出版社 2001 年版。

[27] 尹田：《法国物权法》，法律出版社 1998 年版。

[28] 杨立新：《人身权法论》，人民法院出版社 2002 年版。

[29] 谭兵、李浩主编：《民事诉讼法学》，法律出版社 2009 年版。

[30] 吴汉东、胡开忠：《无形财产制度研究》，法律出版社 2001 年版。

[31] 刘春茂：《中国民法学·财产继承》，中国人民公安大学出版社 1990 年版。

[32] 钱明星：《物权法原理》，北京大学出版社 1994 年版。

[33] 孙宪忠：《德国当代物权法》，法律出版社 1997 年版。

[34] 周枏：《罗马法原论》（上册），商务印书馆 1994 年版。

[35] 张新宝：《侵权责任法立法研究》，中国人民大学出版社 2009 年版。

[36] 马俊驹、余延满：《民法原论》（上册），法律出版社1998年版。

[37] 梁慧星：《中国物权法草案建议稿——条文、说明、理由与参考立法例》，社会科学文献出版社2000年版。

[38] 王利明：《中国物权法草案建议稿及说明》，中国法制出版社2001年版。

[39] 王利明：《侵权行为法研究》（上卷），中国人民大学出版社2004年版。

[40] 张新宝：《侵权责任法原理》，中国人民大学出版社2005年版。

[41] 苗力田：《古希腊哲学》，中国人民大学出版社1989年版。

[42] 周枏：《罗马法原论》，商务印书馆1994年版。

[43] 汪丁丁：《经济发展与制度创新》，上海人民出版社1995年版。

[44] 汪子嵩等：《希腊哲学史》（卷一），人民出版社1997年版。

[45] 何勒华：《西方哲学史》，中国政法大学出版社1996年版。

[46] 李道军：《法的应然与实然》，山东人民出版社2001年版。

[47] 申建林：《自然法理论的演进》，社会科学出版社2005年版。

[48] 石元康：《当代自由主义理论》，台北联经出版公司1995年版。

[49] ［奥］路德维希·冯·米瑟斯：《自由与繁荣的国度》，韩光明等译，中国社会科学出版社1994年版。

[50] 苗力田：《古希腊哲学》，中国人民大学出版社 1989 年版。

[51] [法] 蒲鲁东：《什么是所有权》，孙署冰译，商务印书馆 1996 年版。

[52] 孟勤国、黄莹：《中国物权法的理论探索》，武汉大学出版社 2004 年版。

[53] 杨立新：《侵权法论》，人民法院出版社 2005 年版。

[54] 王利明：《中国民法典学者建议稿及立法理由·侵权行为编》，法律出版社 2005 年版。

二 学术译著

[1] [英] 洛克：《政府论》（下册），叶启芳、瞿菊农译，商务印书馆 1964 年版。

[2] [德] 迪特尔·梅迪库斯：《德国民法总论》，邵建东译，法律出版社 2000 年版。

[3] [英] 亨利·梅因：《古代法》，沈景一译，商务印书馆 1996 年版。

[4] [意] 彼得罗·彭梵得：《罗马法教科书》，黄风译，中国政法大学出版社 1992 年版。

[5] [英] 约翰·洛克：《政法论》，叶启芳等译，商务印书馆 1964 年版。

[6] [美] 博登海默：《法理学——法律哲学与法律方法》，邓正来译，中国政法大学出版社 2004 年版。

[7] [法] 雅克·盖斯丹、吉勒·古博：《法国民法总论》，陈鹏等译，法律出版社 2004 年版。

[8] [德] 克雷斯蒂安·冯·巴尔：《欧洲比较侵权行为法》

（上卷），张新宝译，法律出版社2004年版。

[9]［德］黑格尔：《法哲学原理》，范杨、张企泰译，商务印书馆1995年版。

[10]［英］巴里·尼古拉斯：《罗马法概论》，黄风译，法律出版社2000年版。

[11]［德］萨维尼：《论立法与法学的当代使命》，许章润译，中国法制出版社2001年版。

[12]［德］康德：《法的形而上学原理》，沈叔平译，商务印书馆2001年版。

[13]［法］卢梭：《社会契约论》，何兆武译，商务印书馆2001年版。

[14]［德］黑格尔：《历史哲学》，王造时译，三联书店1956年版。

[15]［美］施瓦茨：《美国法律史》，王军译，中国政法大学出版社1990年版。

[16]［古罗马］查士丁尼：《法学阶梯》，张企泰译，商务印书馆1989年版。

[17]［意］朱塞佩·格罗索：《罗马法史》，黄风译，中国政法大学出版社1994年版。

[18]［意］桑德罗·斯契巴尼：《物与物权》，范怀俊译，中国政法大学出版社1999年版。

[19]［英］伯特兰·罗素：《西方哲学史》（上卷），何兆武、李约瑟译，商务印书馆1963年版。

[20]［古罗马］西塞罗：《论共和国法律》，王焕生译，中国政法大学出版社1997年版。

[21]［美］萨拜因：《政治学说史》，刘山等译，商务印书馆1986年版。

[22]［英］梅因：《古代法》，沈景一译，商务印书馆1996年版。

[23]［英］霍布斯：《利维坦》，黎思复等译，商务印书馆1985年版。

[24]［美］R. M. 昂格尔：《现代社会中的法律》，吴玉章、周汉华译，译林出版社2008年版。

三　学术论文

[1] 杨峰：《先占的历史考察与制度功能——兼论我国物权法中先占制度的确立》，载《法学杂志》2006年第3期。

[2] 麻宝斌：《公共利益与公共悖论》，载《江苏社会科学》2002年第1期。

[3] 杨立新：《论尸体的法律属性及其处置规则》，载《法学家》2005年第4期。

[4] 雷让、张其春：《从一起尸体器官返还案看尸体的民法保护》，载《贵州省政法管理干部学院学报》1999年第4期。

[5] 丁东兴：《论尸体的民法属性及保护》，载《当代法学》2002年第2期。

[6] 葛云松：《死者生前人格利益的民法保护》，载《比较法研究》2002年第4期。

[7] 屈茂辉、阳金花：《我国物权法确定先占制度若干问题研讨》，载《湖南大学学报》（社会科学版）2005年第1期。

[8] 张良：《浅谈对尸体的法律保护》，载《中外法学》1994年第3期。

[9] 李正文：《尸体法益及其保护初探》，载《广西政法管理干部学院学报》2002年第3期。

[10] 马俊驹、梅夏英:《财产权制度的历史评析和现实思考》,载《中国社会科学》1999 年第 1 期。

[11] 杨紫烜:《财产所有权客体新论》,载《中外法学》1996 年第 3 期。

[12] 徐国栋:《民法典草案的基本结构》,载《法学研究》2000 年第 1 期。

[13] 徐友渔:《自由主义与当代中国》,载《开放时代》1999 年第 5 期。

[14] 吴汉东:《财产权客体制度论——以无形财产权客体为主要研究对象》,载《法商研究》2000 年第 4 期。

[15] 王哲、杜要忠:《自由法律中的地位》,载《吉林师院学报》1996 年第 3 期。

[16] 吴汉东:《无形财产权若干理论问题》,载《法学研究》1997 年第 3 期。

[17] 薛军:《"物"的概念的反思与中国民法典的编纂》,载《法商研究》2002 年第 5 期。

[18] 尹田:《法国物权法中动产与不动产的法律地位》,载《现代法学》1996 年第 3 期。

[19] 王竹:《我国侵权法上特殊数人侵权责任分担制度立法体例与规则研究》,载《政法论丛》2009 年第 4 期。

[20] 黄万滨:《从理性到自律——康德道德哲学逻辑推演》,载《学理论》2011 年第 23 期。

[21] 戴兆国:《人永远走在向善的路上——论康德道德哲学的人类学意蕴》,载《伦理学研究》2011 年第 4 期。

[22] 白文君:《论康德自由理论的神学维度》,载《社会纵横》2011 年第 7 期。

后　　记

　　时光飞逝、岁月如梭，转眼间即将告别多年培育我的母校、我的恩师、我的朋友，离别之际，思绪万千，多年的生活点点滴滴犹在眼前，难忘导师的风采、难忘真挚的情谊，是母校铸就了今天的我，让我多年的学习生涯充实、幸福、快乐。

　　本书创作的日日夜夜是一段不为人知的难忘旅程，从选题、构思、开题到写作，无数次的通宵达旦、无数次的冥思苦想，但"天道酬勤"，辛苦的付出注定会带来丰硕的果实，于是无数次的柳暗花明、无数次的峰回路转……正是这次饱含艰辛与汗水的旅程在点滴间充实了我的人生，丰富了我的阅历。回望多年来的学习生涯，最需要感谢的是恩师马新彦教授，不仅是因为恩师多年的提携与培养；在论文写作上的倾囊相授；更因为恩师传授了我人生道理，在迷茫彷徨时为我指明前进的方向。回顾论文的创作过程，恩师每一次的鞭策、每一次的鼓励、每一次的辛劳，这都将成为我人生最为宝贵的财富。尽管严厉，但学生深知，恩师是期望学生能使"优秀成为一种习惯"。一日为师，终生为师，您的教诲，终生难忘。笔端至此，内心的感激之情已不是文字表述所能企及，唯有今后不断努力进取，才能不辜负恩师的期望，以报恩师的深情厚义。尽管一个个日子升起又降落，一届届学生走来又走过，但不变的是您深沉的爱和灿烂的笑容……

感谢我的父母多年来给予我一如既往的厚爱与支持，是你们的仁爱与宽容，教会了我善良与真诚，并培养了我坚韧不拔的毅力。感谢父母多年来对我学习的鼓励，对我生活的关心、默默无私的奉献，不求回报……父母的教诲，终生受益，父母恩情，永生为报！

感谢王老师，是您在我的写作方面给了我莫大的指导，是您让我懂得"思想如钻子，必须集中在一点钻下去才有力量"。您的每一次耐心指点，都使我醍醐灌顶、茅塞顿开，每当回忆起老师的支持与帮助，内心无限感激。

感谢多年的挚友中羽、阳仔、袁美女、泡泡、咏婕……所给予我的无限支持、帮助与关心。中羽的乐观与豁达让我懂得"美好的生命应该充满期待、惊喜和感激"，所以要积极正面的迎接挑战；阳仔的稳重与睿智让我懂得"所有的胜利，与征服自己的胜利比起来，都是微不足道"；袁美女高贵的气质让我了解到不断提高自身修养的必要性；泡泡的聪明与真诚，让我懂得友谊的真谛；咏婕的直率与鼓励，让我懂得"觉得自己做得到与做不到，其实只在一念之间"这个珍贵的人生信条……要感激的朋友远不止此，他们像一阵清爽舒心的微风，拂去我忧伤的烦恼；他们像一颗璀璨的祖母绿，闪耀在我人生的道路上；他们犹如一首动听的幻想曲，给我心灵以洗涤。感谢你们，我的朋友！

最后，感谢所有关心支持过我的人，路漫漫其修远兮，吾将上下而求索！

李迪昕

2013年3月